FREIBURG

FREIBURG

Fotografie
Achim Käflein

Text
Alexander Huber

edition-kaeflein.de

Freiburg fasziniert
Im Gespräch mit Oberbürgermeister Dr. Dieter Salomon

Herr Dr. Salomon. Nehmen wir an, Sie wollten einer Person, die noch nie etwas von Freiburg gehört hat, auf einer Postkarte die Stadt vorstellen. Was könnte auf dieser Karte stehen?
Freiburg liegt wunderschön im Dreiländereck zwischen Schwarzwald und Rheinebene. Hier findet man die unterschiedlichsten Klimazonen von fast mediterran im Westen, am Tuniberg, bis zu subalpin auf dem Schauinsland. Die Stadt ist, nicht nur im politischen Sinne, im Grünen gelegen.

Wo würden sie diese Postkarte schreiben?
Bei einer Tasse Kaffee oben auf der Terrasse beim Dattler, wo die Altstadt unmittelbar vor einem liegt.

Sie haben in den 1980er-Jahren in Freiburg studiert. Wie hat sich die Stadt seither verändert?
Die Stadt ist in der Zeit größer geworden, und sie hat sich baulich verändert, mit neuen Stadtteilen wie Rieselfeld und Vauban. Was sich auch sehr verändert hat, sind die Orte am Rand der Stadt, zum Beispiel am Tuniberg. Überall sind Neubaugebiete dazu gekommen.

Wachstum ist wichtig. Trotzdem hat man vor allem in den letzten Jahren gemerkt, dass das nicht ausufern sollte.
Wir haben als eine der ersten Großstädte in Deutschland den neuen Bauvorschriften Rechnung getragen, indem wir mit dem neuen Flächennutzungsplan den Vorrang der Innenentwicklung vor der Außenentwicklung verbindlich festgeschrieben haben. Übersetzt für Laien heißt das: Die Stadt kann wachsen, ohne weiter in die Fläche zu wuchern.

Wenn Sie folgenden Satz ergänzen würden: Oberbürgermeister sein in Freiburg ist schwer, weil …
… in Freiburg viele Entscheidungen, die woanders wahrscheinlich problemlos durchzusetzen wären, hier von einer äußerst aktiven und regen Bürgerschaft in Frage gestellt und diskutiert werden. Wir organisieren deshalb oft von vorne herein Bürgerbeteiligung. Erstens aus Überzeugung. Und zweitens, weil man das in Freiburg eigentlich gar nicht mehr anders machen kann. Das macht Entscheidungen langsamer. Allerdings: Wenn sie dann beschlossen sind, ist die Akzeptanz größer.

Fascinating Freiburg
A conversation with Mayor Dr. Dieter Salomon

Dr. Salomon. Let's say you wanted to write a postcard introducing Freiburg to someone who had never heard of the city. What would you write?
Freiburg is beautifully situated where three countries meet, between the Black Forest and the Rhine Valley. You'll find varying climates – from almost Mediterranean in the west by Tuniberg to subalpine on the Schauinsland mountain. The city is green – and not just politically.

Where would you write this postcard?
Drinking a cup of coffee up on the deck of the Dattler restaurant, with a fantastic view of the old town.

You studied in Freiburg in the 1980s. How has the city changed since then?
Since then the city has gotten bigger and changed structurally with new districts like Rieselfeld and Vauban. Another thing that's really changed is the areas at the edge of the city, for example around Tuniberg. There are recently developed areas everywhere.

Growth is important; nevertheless, it's become clear – especially in the last few years – that it shouldn't get out of hand.
We were one of the first cities in Germany to accommodate the new building codes by making it mandatory to consider inner-city development before suburban development when planning area usage. In layman's terms: the city can grow without sprawling.

Please finish the following sentence: being the mayor of Freiburg is difficult because...
...a lot of decisions that would probably be implemented without a problem in other cities are questioned and discussed by extremely active and interested citizens here in Freiburg. That's why we usually make sure there's civic participation from the outset – first, as a general rule, and second, because you really can't do it any other way in Freiburg anymore. That makes decisions happen more slowly – however, once they're resolved, they're more likely to be accepted.

Und es ist leicht, weil …

… der Ort, wo man als Bürgermeister tätig sein kann, einen jeden Morgen schon beim Aufstehen inspiriert. Und ich deshalb glaube, dass es in Freiburg schöner ist Oberbürgermeister zu sein als in den allermeisten deutschen Städten. Ich saß abends mal im Kollegenkreis am Schlossberg oben. Als am Kaiserstuhl die Sonne unterging, sagte ein Kollege zu mir: „In dieser Stadt würde ich sogar umsonst OB sein wollen." Da habe ich nur gesagt, jetzt soll er mal nicht übertreiben.

Die Stadt zieht viele Touristen an, Sie selbst empfangen immer wieder interessierte Gäste aus aller Welt. Was fasziniert die Menschen, die hierher kommen?

Man kann das nicht nur auf einen Punkt bringen. Freiburg hat vieles, was viele Menschen interessant finden. Wir haben nicht nur in Ökologie und Nachhaltigkeit einiges zu bieten, sondern die Stadt hat einfach Flair – und die Leute sind fasziniert. Sie sind im Winter fasziniert vom Weihnachtsmarkt, sie sind im Sommer fasziniert vom Münsterplatz. Sie entdecken viele schöne Ecken. Sie finden es schön, dass die Stadt direkt am Berg liegt, dass der Schwarzwald in der Stadt beginnt. Sie finden das Klima angenehm. Und sie finden vor allem, glaube ich, die Freiburger Bevölkerung offen, tolerant und gastfreundlich.

Wie geht es weiter? Was sind die Visionen für Freiburg?

Die Vision ist, dass Freiburg sich auf dem Feld, auf dem wir schon gut sind – nämlich im Bereich nachhaltige Entwicklung – weiter profiliert. Dass wir den Nachweis erbringen, dass eine Stadt wachsen und man trotzdem etwas für den Klimaschutz machen kann. Dass man als Stadt attraktiv sein kann und trotzdem bezahlbaren Wohnraum zu bieten hat. Dass man eine Stadtentwicklung organisieren kann, die vom Faktor Wissen bestimmt wird. Freiburg ist eine Wissensstadt. Die meisten Arbeitsplätze, die hier entstehen, sind Wissens-Arbeitsplätze. Die Menschen, die hierher kommen, brauchen eine gute Infrastruktur, sie brauchen kulturelles Leben, gute Schulen und gute Kindergärten. Wir sind in diesen Bereichen schon gut, aber wir können noch weiter zulegen. Dann hat Freiburg eine sehr gute Zukunft.

And it's easy because…

…the city in which you're mayor inspires you every morning as soon as you wake up. That's why I believe that it's nicer to be the mayor of Freiburg than of most other German cities. One evening I was sitting with some colleagues up on Schlossberg, and as the sun set over the Kaiserstuhl, a colleague said to me, "I would be happy being the mayor of this city even if I didn't get paid." I just told him he shouldn't get carried away.

The city attracts many tourists, and you always host interested guests from all over the world. What fascinates the people who come here?

You can't really point out one thing. Freiburg has a lot of things that many people find interesting. Not only do we have a lot to offer in terms of ecology and sustainability – the city just has flair, and people are fascinated. In the winter they're fascinated by the Christmas market; in the summer they're fascinated by the cathedral square. They discover a lot of beautiful areas. They love it that the city is at the foot of a mountain and that the Black Forest begins in the city. They find the climate comfortable. And I think that, most importantly, they find the people of Freiburg to be open, tolerant, and hospitable.

What's next? What's your vision for Freiburg?

Our vision is that Freiburg will continue to distinguish itself in the field we're already excelling in: that is, sustainable development. We will demonstrate that a city can grow while still doing something for climate protection. We will show that a city can be attractive while still offering affordable housing and that urban development can be influenced by knowledge. Freiburg is a city of knowledge; most jobs here are in the knowledge sector. The people who come here need a good infrastructure; they need cultural opportunities, good schools, and good kindergartens. We're already doing well in these areas, but we could become even better. Then Freiburg would have a great future.

„Morgens beim Laufen kommen mir die besten Ideen."
"The best ideas come to me when I go jogging in the morning."

Bernd Lafrenz

Schauspieler und Gründer des Shakespeare Solo Theaters König Alfons
Actor and founder of The Shakespeare Solo Theater König Alfons

Freiburg ist jung mit historischem Kern, ist grün mit viel Sandstein, ist kreativ mit gepflegter Tradition, ist dynamisch mit idyllischen Plätzen zum Verweilen. Kurz, eine offene, herzliche Stadt, die „Schwarzwaldmetroperle" für alle, die kommen und gehen oder auch bleiben und diese Stadt mit ihren Menschen einfach ins Herz schließen und sie lieben. Freiburg ich liebe Dich!

Freiburg is young but with a historic core, green but with a lot of sandstone, creative but with a well-kept tradition, dynamic but with idyllic spots to while away the hours. In short – an open, welcoming city, the Black Forest "metropearl" for all who come and go and for all who stay to embrace and love the city and its people. Freiburg – I love you!

Cécile Verny

Jazzsängerin, Gründerin des Cécile Verny Quartet
Jazz singer, founder of the Cécile Verny Quartet

„Freiburg? J'y suis, j'y reste!" Freiburg? Da bin ich, da bleibe ich!

"Freiburg? J'y suis, j'y reste!" Freiburg? This is where I am, this is where I'm staying!

Claudius Stoffel

Dompfarrer im Münster Unserer Lieben Frau
Priest of the cathedral Münster Unserer Lieben Frau

Ein Seehase, wie ich einer bin, ist nicht leicht zufrieden zu stellen. Aber Freiburg…Freiburg ist für mich wie ein bisschen Toskana am Fuß des Schauinsland im Schatten eines wunderschönen gotischen Münsters. Ein geistig-geistlich aufgeladener Ort, voller Leben und Farbe, mit Licht und Schatten. Menschen aus aller Herren Länder leben hier. Liebenswert und jeden Tag neu faszinierend. Ich lebe gerne in dieser Stadt, schon während meines Studiums und jetzt wieder seit 1996.

It's hard to please someone who would rather be breathing in the ocean air – like me. But Freiburg…Freiburg, for me, is like a little bit of Tuscany at the foot of Schauinsland, spread out before an incredibly beautiful Gothic cathedral. An intellectually and spiritually charged city, full of life and color, light and shadow. People from all over the world live here. It's endearing and fascinating in new ways every day. I have always loved living in this city, when I went to college here and now again since 1996.

Dr. Christian Hodeige

Herausgeber der Badischen Zeitung
Publisher of the daily Badische Zeitung

Freiburg ist für mich „daheim". Hier bin ich geboren und aufgewachsen, hierher bin ich nach vielen Studienjahren im Ausland gerne zurückgekehrt, hier lebe und arbeite ich seit fast 25 Jahren. Die kleine Großstadt ist höchst lebendig, stolz auf ihre Geschichte und aktiv zukunfts-bewegt. Das umfangreiche kulturelle Angebot, die Exzellenz-Universität, die hohe Lebens-qualität in der Innenstadt und in der Umgebung prägen die Menschen. Die Freiburger sind offen, engagiert, liberal, manchmal etwas streitlustig und doch auch gemütlich, zurückhaltend und genussfreudig. Ich mag Freiburg.

Freiburg means "home" to me. I was born and raised here; I happily returned here after many years of studying abroad; and I've lived and worked here for almost 25 years. This little city is extremely lively, proud of its history, and actively moving toward the future. The diverse cultural offerings, the distinguished university, and the high quality of life in the city center and surrounding areas make their mark on the people of the city. Freiburgers are open, dedicated, liberal, occasionally a little aggressive but still jovial, low key, and loving life. I like Freiburg.

Prof. Dr. Ludwig Quaas

Chefarzt am Evangelischen Diakoniekrankenhaus
Chief physician at the Evangelisches Diakoniekrankenhaus

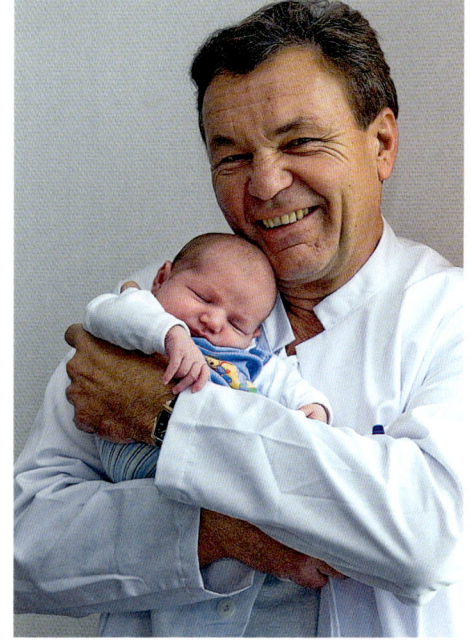

Freiburg sind für mich 30 Jahre Geburtshilfe mit etwa 9.000 Geburten, die Wiehre, der SC Freiburg und mein täglicher Weg auf dem Fahrrad entlang der Dreisam. Freiburg ist für mich auch: Meiner Frau, meinen Kindern und mir das schönste Zuhause der Welt geschaffen zu haben. Freiburg ist für mich das Strahlen in den Augen meiner Kinder, wenn sie „aus der großen Welt" nach Hause kommen.

For me, Freiburg is 30 years of obstetrics with about 9,000 births, the Wiehre neighborhood, the soccer team of SC Freiburg, and my daily bike ride along the Dreisam. For me, Freiburg is also having created the most beautiful home in the world for my wife, my children, and me. For me, Freiburg is the sparkle in my children's eyes when they come back home after being out in "the big wide world."

Raphael Fels

Kunsthandwerker und Lebenskünstler
Artisan and bohemian

Mittlerweile habe ich mehr als mein halbes Leben hier in Freiburg verbracht. Seit 25 Jahren biete ich meine selbstgefertigten Holzwaren auf dem Markt an. Der Münsterplatz ist für mich wie eine Piazza in Italien.

By now I've spent more than half of my life here in Freiburg. I've been selling products I've carved out of wood at the market for 25 years. The cathedral square is like an Italian piazza to me.

Eugen Martin

Unternehmer, Ehrenbürger der Stadt Freiburg
Businessman, honorary citizen of Freiburg

Ich bin ein Oldtimer und stehe auch dazu. Nichts gegen die moderne Bezeichnung „Green City", aber Freiburg bleibt für mich die Stadt des Waldes, des Weines und der Gotik.

I'm an old-timer – and proud of it! I don't have anything against the modern label of "Green City," but for me, Freiburg will always be the city of woods, wine, and Gothic art.

Prof. Dr. Susanne Albers

Informatikerin an der Albert-Ludwigs-Universität und Leibniz-Preisträgerin
Computer scientist at Albert-Ludwigs-Universität and Leibniz laureate

Ich bin nun seit sieben Jahren in Freiburg. Mit seiner exzellenten Universität ist Freiburg für mich ein ausgezeichneter Wissenschaftsstandort. Nach intensiven Arbeitstagen in Forschung und Lehre kann man in der herrlichen Umgebung wieder auftanken.

I've been in Freiburg for seven years now. To me, Freiburg, with its distinguished university, is an excellent location for scholarship. After a full day of research and teaching, I can refuel in the great outdoors.

Yvonne Faller

Architektin und Münsterbaumeisterin
Architect and master builder of the Münster

Freiburg hat eine wunderbare topographische Lage. Situiert zwischen Schwarzwaldbergen und der Rheinebene bietet die Stadt in jeder Jahreszeit beste Bedingungen: Schwarzwaldkühle im Sommer und baldiger Frühjahrsbeginn in der Rheinebene. Und dies in unmittelbarer Umgebung. Ich schätze es sehr, in kürzester Zeit Sternwald oder Rosskopf zu erreichen und den Blick in die Ferne und über die Stadt schweifen zu lassen, deren Bild beherrscht wird von dem schönsten Bauwerk der Region, dem Freiburger Münster.

Freiburg has a wonderful topographic location. Situated between the mountains of the Black Forest and the Rhine Valley, the city offers the best conditions in every season: Black Forest coolness in the summer and an early start to spring in the Rhine Valley – and all this in close proximity. I really love being able to reach Sternwald and Rosskopf in no time, where I can gaze into the distance and over the city, whose skyline is dominated by the most beautiful edifice in the region – the Freiburger Münster.

Sicht auf die Stadt und das Schwabentor vom Schlossberg aus   View of Schwabentor and the city from the Schlossberg

Die Insel in der Altstadt   The island downtown

Die neue Schlossbergbahn   The new Schlossberg funicular

Ein Sonnenbad im Stadtgarten   Sunbathing in the City Garden

Bewegte Geschichte

Verglichen mit anderen Orten in Südbaden ist Freiburg eine junge Stadt. Zwar haben die Römer in der Oberrheinebene in Breisach, Riegel oder Heitersheim reichlich Spuren hinterlassen, der Westhang des Schwarzwaldes aber schien für sie weniger attraktiv, es sei denn, sie fanden dort – wie in Badenweiler – warme Quellen, die sie für ihre Thermen nutzen konnten. Der Freiburger Raum schien erst gegen Ende des ersten Jahrtausends interessanter zu werden. 1091 ist das früheste überlieferte Gründungsdatum der Stadt – mehr als 80 Jahre nach der ersten urkundlichen Erwähnung der heute zu Freiburg gehörenden Orte Wiehre, Uffhausen, Zähringen und Herdern. Allerdings kann man davon ausgehen, dass sich bereits in den Jahrzehnten zuvor eine stadtähnliche Siedlungsstruktur entwickelt hat. Die offizielle Stadtgeschichte beginnt mit dem Jahr 1120, als Herzog Konrad von Zähringen einen Markt in Freiburg gründet. Die Rolle als Handelszentrum sowie der nahegelegene Silberbergbau im Schwarzwald lassen das Städtchen wachsen, bereits Anfang des 13. Jahrhunderts zählt Freiburg etwa 8.000 Einwohner. Aufwändige Arbeiten nach 1175 sollen die Wasserversorgung sichern, zudem wird die Stadt immer besser befestigt. 1201 entsteht am südlichen Stadtrand das Martinstor, gut 60 Jahre später das Schwabentor. Beide Tore prägen heute noch die Silhouette der Freiburger Altstadt.

Die Gründungszeit der Zähringer endet 1218 mit dem Tod von Bertold V., der keine männlichen Nachkommen hatte. Dafür übernehmen die Grafen von Urach die Herrschaft und nennen sich fortan Grafen von Freiburg. Sonderlich glücklich werden sie nicht mit der Stadt, denn wie andernorts auch wächst das Selbstbewusstsein der Bürger. Diese fordern mehr Rechte und wollen gleichzeitig die Macht des Adels beschnitten sehen. Ausdruck dieses Selbstbewusstseins ist unter anderem, dass die Bürger den Bau des Münsters, der bereits Ende des 12. Jahrhunderts begonnen wurde, mehr und mehr in ihre Hand nehmen. Streit gibt es immer wieder ums Geld. Die Grafen von Freiburg, stets knapp bei Kasse, geraten mehrfach in Versuchung, die Stadt zu verpfänden. Der Ärger darüber mündet regelmäßig in gewaltsamen Auseinandersetzungen. Vorläufiger Höhepunkt ist die Schlacht am 29. Juli 1299 zwischen Freiburger Bürgern und den Truppen des Grafen Egino, der Unterstützung von seinem Schwager, dem Straßburger Bischof Konrad von Lichtenberg, erhält. Ein Metzger namens Hauri ersticht laut einer Überlieferung den Bischof im Kampfgetümmel. Erschrocken darüber, einen Mann der Kirche getötet zu haben, errichten die Bürger ein Bischofskreuz und pflanzen die Bischofslinde, an die heute noch der Name eines Freiburger Stadtteils erinnert.

Der zermürbende Konflikt zwischen den adligen Stadtherren und den Bürgern endet 1368. Freiburg stellt sich unter den Schutz der Habsburger, erhält eine neue Stadtverfassung und damit die Möglichkeit zur weitgehenden Selbstverwaltung. Doch der Preis dafür ist hoch: Mit 8.000 Kilo Silber – einem für damalige Verhältnisse

Eventful history

Compared to other cities in South Baden, Freiburg is fairly young. Although the Romans certainly left their mark on the Upper Rhine Valley in places like Breisach, Riegel, and Heitersheim, they seemed less interested in the western Black Forest – except where they found hot springs to use for their thermal baths, such as at Badenweiler. The area around Freiburg seems to have become more appealing around the end of the first millennium. According to historic records, the city wasn't founded until 1091 – more than 80 years after the first documented references to places like Wiehre, Uffhausen, Zähringen, and Herdern, which today are districts of Freiburg. Nevertheless, it can be safely assumed that a settlement resembling a town had already developed in the decades prior to that date.

The official history of the city begins in the year 1120, when Duke Konrad of Zähringen founded a market in Freiburg. Thanks both to its role as a center of trade and the nearby silver mine in the Black Forest, the town began to grow – by the beginning of the 13th century, Freiburg already had about 8,000 residents. After 1175, extensive projects assured the city would have enough water and be well protected. Martin's Gate (Martinstor) was built in 1201 at the southern edge of the city; the Swabian Gate (Schwabentor), sixty years later. To this day, both gates are integral to Freiburg's historic town center.

The Zähringer era ended in 1218 with the death of Bertold V, who failed to produce any male offspring. The Counts of Urach then took over and began calling themselves Counts of Freiburg. They were rather unsatisfied with the city, since, as in other areas, the citizens began to demand more rights for themselves and less power for the nobility. Among other expressions of this newfound self-awareness, citizens began taking more and more control of the construction of the cathedral, begun at the end of the 12th century. Money caused much conflict: the Counts of Freiburg, always a little strapped for cash, were repeatedly tempted to mortgage the city. Discontent about this situation regularly resulted in violent altercations – not the least of which was the battle on July 29th, 1299, between the citizens of Freiburg and the troops of Count Egino, who was supported by his brother-in-law in Strasbourg, Bishop Konrad of Lichtenberg. It is said that a butcher named Hauri stabbed the bishop in the turmoil of the battle. Shocked at having killed a man of the cloth, the citizens erected a bishop's cross (Bischofskreuz) and planted a bishop's linden, which is to this day memorialized by the name of one of Freiburg's districts, Bischofslinde.

The grueling conflict between the lords of the city and the citizens ended in 1368, when Freiburg put itself under the protection of the Habsburgs and received a new city constitution and hence the possibility of extensive self-government – for which it paid a hefty price. The citizens of Freiburg bought their freedom from the counts with 8,000 kilograms of silver, an immense sum at the time. The city

ungeheuren Vermögen – kaufen sich die Bürger von der gräflichen Herrschaft frei. Entsprechend geschwächt geht die Stadt in die ersten Jahre ihrer Freiheit, zumal allgemein Rezession herrscht und der für Freiburg so wichtige Bergbau im Schwarzwald zunehmend an Bedeutung verliert. Wie hart die Zeiten sind, lässt sich auch an den Einwohnerzahlen ablesen: 1390 notiert eine Volkszählung 8.855 Einwohner, 60 Jahre später sind es nur noch rund 6.150.

Doch genau in diese schwierige Phase fällt ein Datum von überragender Bedeutung. Am 21. September 1457 stellt Erzherzog Albrecht VI. von Österreich den Stiftungsbrief für die Universität aus. 1460 beginnen sieben Professoren die ersten 214 Studenten in den Fakultäten Philosophie, Theologie, Jurisprudenz und Medizin zu unterrichten. Eine Zeit der Blüte erlebt Freiburg unter der Herrschaft des Habsburger Königs und späteren Kaisers Maximilian I., der die Stadt an der Dreisam besonders fördert und 1497 den Reichstag in Freiburg abhält.

Gegen Ende des 15. Jahrhunderts stehen die Zeichen in ganz Europa auf Sturm. Die im Zuge der Reformation unter der Landbevölkerung ausgelösten Unruhen erreichen auch Freiburg. 1525 überrennen vom Schwarzwald her Bauern die Stadt und zwingen die Freiburger, sich für wenige Monate der aufständischen Bewegung anzuschließen. Der Sieg des Protestantismus in Basel im Jahre 1529 sorgt für weitere Unsicherheit, ist doch die Stadt am Rheinknie stets ein wichtiger Bezugspunkt für Freiburg. Ausdruck der wachsenden Verunsicherung ist auch ein besonders düsteres Kapitel der Freiburger Geschichte: 1546 wird Anna Schweizerin das erste urkundlich bekannte Opfer der Hexenverfolgung, viele weitere werden bis 1631 noch folgen. Zu allem Überfluss wütet die Pest in der Stadt, 1564 sterben daran 2.000 Menschen.

Der Dreißigjährige Krieg versetzt Europa ab 1618 in Angst und Schrecken, doch den Freiburgern ist eine kleine Verschnaufpause gegönnt. Erst 1632 erobern schwedische Truppen die Stadt, es folgen Jahre kriegerischer Auseinandersetzungen zwischen unterschiedlichen Parteien. Wer von den Freiburgern nicht zwischen den Fronten zerrieben wird, leidet Hunger oder muss mit der Pest und anderen Krankheiten kämpfen. Als 1648 der Westfälische Friede den bis dahin verheerendsten Krieg auf europäischem Boden beendet, zählt Freiburg knapp 3.000 Einwohner – vor dem Krieg waren es noch 9.000.

Ruhe ist der Stadt durch den Friedensschluss jedoch nicht gegönnt. Aufgrund der verschobenen Machtverhältnisse nach dem Dreißigjährigen Krieg ist die Grenze zu Frankreich näher gerückt und Freiburg leidet in den Folgejahren zunehmend unter den Auseinandersetzungen zwischen den Habsburgern und den Nachbarn im Westen. Ab 1650 lässt die vorderösterreichische Regierung die Stadt zu einer Festung ausbauen, was die Franzosen zu fortwährenden Angriffen herausfordert. 1713 belagert Herzog Louis-Héctor de Villars mit 15.000 Soldaten die mit nur 8.000 Mann besetzte Festung, die gegen

began its first years of freedom thus weakened; the general recession and the lessening importance of the Black Forest silver mine that had meant so much for Freiburg did not help. The population figures illustrate how hard the times were: in 1390, a census showed 8,855 inhabitants; 60 years later, there were only about 6,150.

There was, however, one extremely important event during this difficult period: on September 21, 1457, Archduke Albrecht VI of Austria founded the university. In 1460, seven professors began imparting their wisdom to the first 214 students of philosophy, theology, jurisprudence, and medicine. Freiburg flourished under the rule of the Habsburg king and later Kaiser Maximilian I, who especially supported the city on the Dreisam, even convening a meeting of Parliament in Freiburg in 1497.

Around the end of the 15th century, it was clear that troubling times were ahead for Europe. The rural unrest brought about by the Reformation finally reached Freiburg. In 1525, farmers from the Black Forest overran the city and for a few months forced Freiburgers to join the rebellion. The victory of Protestantism in Basel in 1529 was cause for further unrest, since the Swiss city had always been a point of reference for Freiburg. The growing uncertainty led to a particularly bleak chapter in Freiburg's history: in 1546, Anna Schweizerin was the first documented victim of the witch hunt, with many more following until 1631. To make matters worse, the plague ravaged the city, killing 2,000 people in 1564.

The Thirty Years' War began in 1618, spreading terror throughout Europe. Freiburg was initially left out of the mayhem – until 1632, when Swedish troops captured the city, with many years of military conflicts among the various parties following. Those who weren't torn between the fronts suffered from famine or fought the plague and other diseases. When, in 1648, the Peace of Westphalia ended Europe's most devastating war at the time, Freiburg had barely 3,000 inhabitants – before the war, it had had 9,000.

The peace agreement did not, however, mean tranquility for the city. The border with France had crept closer because of the shifts of power after the Thirty Years' War, and in the following years, Freiburg suffered from the conflicts between the Habsburgs and its neighbors to the west. In 1650 the government of the Austrian territories in today's southwestern Germany began building up the city into a fortress, which only encouraged the French to attack whenever possible. In 1713, Duke Louis-Héctor de Villars led 15,000 soldiers to besiege the fortress, which had only 8,000 men defending it and completely surrendered by the end of the year. In 1744 the French even diverted the Dreisam to make the assault on the city easier. During this time, many of the 3,000 remaining inhabitants lived in poverty, causing Freiburg to resemble a large barracks more than a city.

The days of the Habsburgs' rule over Freiburg were numbered in light of the military successes of the French and Napoleon Bonaparte's

Ende des Jahres vollständig kapituliert. 1744 leiten die Franzosen gar die Dreisam um, damit der Angriff auf die Stadt leichter gelingt. Freiburg gleicht in dieser Zeit eher einer großen Kaserne als einer Stadt, viele der 3.000 verbliebenen Einwohner leben in Armut.

Nach den militärischen Erfolgen der Franzosen und dem Aufstieg Napoleon Bonapartes aus den Wirren der Französischen Revolution sind die Tage der habsburgischen Herrschaft über Freiburg gezählt. Zwischen 1798 und 1805 folgt ein kleines, kurioses Intermezzo: Als Entschädigung dafür, dass er ihn abgesetzt hat, bietet Napoleon dem Herzog Herkules III. von Modena Freiburg und den Breisgau an. Doch dieser lehnt zunächst ab – Freiburg ist ihm zu arm. Fünf Jahre lang hat die Stadt keinen offiziellen Herrscher. Als Herkules III. endlich akzeptiert, ist es für ihn auch fast schon wieder vorbei. 1805 wird der unglückliche Herzog abgesetzt, 1806 wird Freiburg das, was es bis heute geblieben ist: badisch.

Zu Beginn freilich hält sich die Begeisterung für den neuen Herrscher, Großherzog Karl Friedrich von Baden, in Grenzen. Die Habsburger waren an der Dreisam durchaus beliebt. Sie galten als mild und regierten Freiburg mit lockerem Zügel. Misstrauen erregen auch die konfessionellen Unterschiede. Wie würden die protestantischen badischen Fürsten mit dem katholisch gebliebenen Freiburg umgehen? Noch 1815, während des Wiener Kongresses, hoffen die Freiburger, das Rad der Geschichte könnte zurück gedreht und ihre Stadt wieder vorderösterreichisch werden.

Doch die badischen Großherzöge verhalten sich klug. Statt auf Konfrontationskurs zu gehen, etablieren sie Freiburg als „dritte badische Hauptstadt" neben Karlsruhe und Mannheim. Auch die Sorge der Freiburger, sie könnten ihre Universität verlieren, bestätigt sich nicht. Noch dazu stärken die neuen Herren das religiöse Selbstwertgefühl der Stadt. 1827 wird Freiburg Sitz des neuen Erzbistums, dessen größter Teil aus dem aufgelösten Bistum Konstanz besteht. Erster Erzbischof wird der Münsterpfarrer Bernhard Boll, dessen Kirche von einer einfachen Pfarrkirche in den Rang einer Kathedrale aufsteigt. 1840 hat Freiburg über 13.700 Einwohner und die Zeichen stehen auf Wachstum. Das Zeitalter der Industrialisierung naht zunächst in Form der Eisenbahn. 1845 wird der Hauptbahnhof – damals noch deutlich vor den Toren der Stadt – eingeweiht und die Bahnlinie Freiburg-Offenburg in Betrieb genommen, die 1847 in Richtung Süden bis nach Schliengen und später bis nach Basel fortgesetzt wird. Die gescheiterte Revolution von 1848/49 kann die Entwicklung Freiburgs kaum beeinflussen. Eine gewisse Unruhe bringt sie aber gleichwohl in die Stadt, in der der bereits 1840 gestorbene und von vielen geachtete Universitätslehrer Karl von Rotteck wichtige Grundlagen für die erste demokratische Bewegung in Deutschland gelegt hat. Eine provisorische revolutionäre Regierung flieht Anfang Juli 1849 vor den herannahenden preußischen Truppen in den Schwarzwald. Abermals handeln die badischen Herrscher mit

rise out of the commotion of the French Revolution. Between 1798 and 1805 there was a small, curious interlude: as compensation for unseating Count Herkules III of Modena, Napoleon offered him Freiburg and the Breisgau area. The count declined: Freiburg was too poor. For five years the city had no official ruler. When Herkules III finally accepted, it was almost too late – in 1805 the reluctant count was deposed, and in 1806 Freiburg became what it remains to this day: a part of Baden.

At first, public opinion of the new ruler, Grand Duke Karl Friedrich of Baden, was naturally cautious. The Habsburgs had been liked along the Dreisam – they were considered to be mild and kept only loose reins on Freiburg. Religious differences also bred mistrust: how would the Protestant rulers of Baden handle Freiburg, which remained Catholic? Even in 1815, during the Congress of Vienna, Freiburgers still wished the wheel of history could be turned back and their city could once again be an Austrian territory.

But the grand dukes of Baden ruled cleverly: instead of utilizing a confrontational strategy, they established Freiburg as the "third capital of Baden" alongside Karlsruhe and Mannheim. The worry that Freiburgers could lose their university was not realized. The new rulers even strengthened the city's feeling of religious self-worth. In 1827, Freiburg became the seat of the new archbishopric, which mostly consisted of the former bishopric of Konstanz. On becoming the first archbishop, Bernhard Boll, the priest of the Münster, saw his church grow from a simple parish church to a cathedral.

In 1840 Freiburg had more than 13,700 inhabitants, and all signs were pointing to more growth. The Industrial Age initially approached in the form of the railroad. In 1845 the main train station – at that time still clearly far from the city gates – was built, and the route between Freiburg and Offenburg started running; in 1847 the line was lengthened southwards to Schliengen and later to Basel. The failed revolution of 1848-49 hardly influenced Freiburg's development but did cause some turmoil in the city where the respected professor Karl von Rotteck, who had died in 1840, had laid an important foundation for the first democratic movement in Germany. In early July 1849, a provisional revolutionary government fled into the Black Forest from the approaching Prussian troops. Once again the rulers of Baden acted with good judgment, and Grand Duke Friedrich I successfully reconciled the people and the nobility.

Baden was also relatively smoothly integrated into the German Empire in 1871. In the following decades Freiburg's fortunes underwent a swift rise, thanks in large part to Mayor Otto Winterer, who served from 1888 to 1913. Electricity, gas, and water facilities were completed; an electric streetcar began service; apartments and schools were built and historic buildings were renovated. The citizens of Freiburg invested more and more in culture, especially trying to attract well-off retirees from northern

Dachlandschaften der Altstadt   Roof landscapes downtown

Augenmaß. Großherzog Friedrich I. gelingt die Aussöhnung des Volkes mit den Landesherren.

Auch die Integration Badens in das Deutsche Kaiserreich 1871 verläuft weitgehend reibungslos. Freiburg erlebt in den folgenden Jahrzehnten einen steilen Aufstieg, der maßgeblich vom 1888 bis 1913 amtierenden Oberbürgermeister Otto Winterer geprägt wird. Strom-, Gas- und Wasserversorgung werden ausgebaut, eine elektrische Straßenbahn in Betrieb genommen, Wohnungen und Schulen errichtet, historische Bauten saniert. Immer stärker investieren die Freiburger in die Kultur. Vor allem gut situierte Pensionäre aus Norddeutschland möchte man so in den sonnigen Breisgau locken. Die Rechnung scheint bis heute aufzugehen: In Freiburg und dem Umland spricht man schon mal gerne vom „Florida-Effekt". 1910 zählt Freiburg bereits über 83.000 Einwohner.

Der Erste Weltkrieg bereitet dieser bis dahin wohl glücklichsten Zeit der Stadt ein jähes Ende. Am 4. Dezember 1914 fallen in Freiburg die ersten Fliegerbomben, weitere folgen. Mit Blick auf das, was 30 Jahre später geschehen sollte, lesen sich die Opferzahlen dieser Bombardements mit 31 vergleichsweise harmlos. Gravierender ist die Gesamtbilanz: 3.338 Freiburger haben im Krieg ihr Leben gelassen.

Mit dem Ende des Ersten Weltkriegs verschwindet das Großherzogtum Baden. Freiburg gehört nun zur Republik Baden und turbulente Zeiten mit wirtschaftlicher Rezession, Inflation, Arbeitslosigkeit und politischen Tumulten stehen bevor. Das Schreckgespenst des Nationalsozialismus erreicht spätestens im April 1933 Freiburg mit unübersehbarer Wucht, als der von den Bürgern gewählte Oberbürgermeister Karl Bender zwangsbeurlaubt und vom NSDAP-Mann Franz Kerber ersetzt wird.

Mit einem Schlag löscht der Nazi-Terror das über Jahrhunderte gewachsene Leben der jüdischen Gemeinde in Freiburg aus. Im Oktober 1940 werden alle transportfähigen jüdischen Bürger nach Gurs in Westfrankreich deportiert. Freiburg wird für den Krieg vorbereitet. Nach den Kämpfen an der Westfront und dem Waffenstillstand mit Frankreich am 25. Juni 1940 folgt eine kurze Phase der Normalisierung. Es ist die Ruhe vor dem Sturm. Nach ersten kleineren Angriffen der Alliierten erlebt Freiburg am 27. November 1944 den schwärzesten Tag seiner Geschichte. Innerhalb von 23 Minuten lassen am Abend 300 Flugzeuge der britischen Royal Air Force fast 20.000 Bomben über Freiburg fallen. Die Bilanz ist verheerend: 2.800 Menschen kommen ums Leben, über 9.500 werden verletzt, die Altstadt und weite Teile der Stadt sind fast vollständig zerstört. Allein das Münster bleibt wie durch ein Wunder weitgehend unversehrt. Doch der grausame Spuk nähert sich dem Ende. Am 21. April 1945 rollen französische Panzer in die Stadt. Besonnenen Freiburger Bürgern gelingt es, die letzten Uneinsichtigen vom „Kampf bis zum letzten Mann" abzuhalten und so weiteres Blutvergießen zu verhindern.

Germany to the sunny Breisgau region. This effort seems to still bear fruit today, as many in Freiburg and the surrounding area speak of "the Florida effect." In 1910 Freiburg already had a population of more than 83,000.

World War I brought a sudden end to this prosperous time. The first aerial bombs fell on Freiburg on December 4, 1914, with more following. Considering what would happen 30 years later, the number of victims of these bombardments – 31 – seems relatively harmless. The overall numbers are graver: 3338 Freiburgers lost their lives in the war.

The Grand Duchy of Baden disappeared with the end of World War I. Freiburg now belonged to the Republic of Baden, and turbulent times of economic recession, inflation, unemployment, and political tumult were imminent. The specter of National Socialism reached Freiburg with an impact that could not be overlooked in April 1933 at the latest, when the democratically elected mayor Karl Bender was suspended from office and replaced by the Nazi Franz Kerber. With one blow, the terror of the Nazis wiped out the Jewish community in Freiburg, which had been growing for centuries. In October 1940, all transportable Jewish citizens were deported to Gurs in western France. Freiburg braced itself for war. Life returned to normal for a short time following the battles on the western front and the ceasefire with France on June 25, 1940, but it was only the calm before the storm. After the first small attacks by the Allies, Freiburg experienced the blackest day of its history on November 27, 1944 – that evening, 300 Royal Air Force planes dropped almost 20,000 bombs on Freiburg within 23 minutes. The numbers were devastating: 2,800 people lost their lives, more than 9,500 were injured, and the historic town center and large parts of the city were almost completely destroyed. Only the cathedral remained mostly unscathed, as though by a miracle. However, this terrible period was coming to a close – on April 21, 1945, French tanks entered the city. Level-headed Freiburg citizens successfully deterred those who still stubbornly adhered to the Nazi ideology from attempting to "fight to the last man" and prevented further bloodshed. In the city that in 1933 had exceeded 100,000 inhabitants, barely 58,000 people remained.

Material as well as intellectual reconstruction began under the French occupation. Joseph Schlippe, leader of the urban construction department since 1925, was a conservative in the true sense of the term: thanks to him, the old town was rebuilt with the historic structure in mind. The first issue of the daily Badische Zeitung, the successor to the Freiburger Nachrichten, came out on February 1, 1946, laying the foundation for a local press dedicated to democratic principles. Freiburg was the capital of the province of Baden from 1946 to 1952; after the unification of Baden and Württemberg, the city became the seat of one of the four districts of the new State of Baden-Württemberg.

In der Stadt, die 1933 die 100.000-Einwohner-Grenze überschritten hat, leben nun noch knapp 58.000 Menschen.

Unter der französischen Besatzung beginnt der Wiederaufbau – im materiellen wie im geistigen Sinne. Joseph Schlippe, seit 1925 Leiter des städtischen Hochbauamtes, ist ein Konservativer im positiven Sinne. Ihm ist der Wiederaufbau der Altstadt unter Wahrung der historischen Struktur zu verdanken. Am 1. Februar 1946 erscheint die erste Ausgabe der „Badischen Zeitung" als Nachfolgerin der „Freiburger Nachrichten", womit auch an der Dreisam der Grundstein für eine den demokratischen Prinzipien verpflichtete Presse gelegt wird. Von 1946 bis 1952 ist Freiburg Hauptstadt des Landes Baden. Nach der Vereinigung von Baden und Württemberg wird die Stadt Sitz eines der vier Regierungsbezirke in dem neuen Bundesland Baden-Württemberg.

Der vom Krieg unterbrochene Aufschwung der Stadt kann sich erstaunlich schnell wieder fortsetzen. Vor allem unter der Ägide der Oberbürgermeister Eugen Keidel von 1962 bis 1982 und Rolf Böhme von 1982 bis 2002 wächst Freiburg sowohl in der Fläche als auch bei der Einwohnerzahl. Zur Jahrtausendwende leben über 202.000 Menschen in der Breisgau-Metropole. Neue Stadtteile entstehen und besonders viel wird in den Ausbau des öffentlichen Personennahverkehrs investiert. 1984 schreibt Freiburg als erste deutsche Stadt mit der Einführung einer subventionierten Netzkarte für Busse und Bahnen ein Stück Umweltgeschichte.

Während die Studentenbewegung von 1968 die Universitätsstadt Freiburg eher wenig berührt, haben ab Anfang der 1970er-Jahre die Ereignisse in einem kleinen Dorf am Nordrand des Kaiserstuhls größten Einfluss auf die gesamte Region. Mit einem ebenso hartnäckigen wie über weite Strecken kreativ gestalteten Protest, der sich über mehr als ein Jahrzehnt erstreckt, verhindern Umweltschützer im Schulterschluss mit Anwohnern, Winzern, Kirchenleuten und Lokalpolitikern den Bau eines Atomkraftwerks in Wyhl. Wyhl wird zur Keimzelle der deutschen Umweltbewegung, und Freiburg sieht sich als deren Zentrum. Aus den Protestlern von einst sind konstruktive Köpfe geworden, die die Diskussion um eine nachhaltige Entwicklung unserer Zukunft vorangetrieben haben und inzwischen längst nicht mehr alleine führen. Und sie sind im Establishment angekommen: Mit Dieter Salomon wird am 1. Juli 2002 erstmals ein Mitglied der Grünen Oberbürgermeister einer deutschen Großstadt.

The city's growing prosperity, interrupted by the war, began again astonishingly quickly. Freiburg grew in area as well as population, especially under the leadership of mayors Eugen Keidel (1962-1982) and Rolf Böhme (1982-2002). More than 202,000 people were living in the Breisgau metropolis at the turn of the millennium. New neighborhoods arose, and investments were especially made in the development of local public transportation. Freiburg made environmental history when, in 1984, it became the first German city to introduce a subsidized monthly pass for the buses and streetcars.

Although the student movement of 1968 had little effect on the university town of Freiburg, events in a small village on the northern edge of the Kaiserstuhl had a large influence on the whole region starting at the beginning of the 1970s. With a persistent and in large part creative protest lasting over a decade, environmentalists, in alliance with residents, winemakers, church members, and local politicians, prevented the construction of a nuclear power plant in Wyhl. Wyhl became the nucleus of the German environmental movement, of which Freiburg sees itself as the center. The protestors of those days have now become problem solvers who have advanced discussion about the sustainable development of our future and are no longer the only ones taking action. They have even made their way into the establishment: on July 1, 2002, Dieter Salomon became the first member of the Green Party to be mayor of a German city with over 100,000 inhabitants.

Straßenszenen in der Innenstadt
Street scenes downtown

Gaumen- und Augenschmaus vor prächtiger Kulisse: Der Markt auf dem Münsterplatz ist Einkaufsziel, beliebter Treffpunkt und zudem eine gute Adresse für den Hunger zwischendurch. Hier gibt es, unter anderem, die berühmte Freiburger „Lange Rote" – eine herzhafte Wurst vom Grill.

A feast for the palate and the eyes in front of a magnificent backdrop: the market on Cathedral Square is a shopping destination, a popular meeting place, and a good spot for a snack – for example, the famous Freiburger "Lange Rote," a hearty red sausage off the grill.

Die Südseite des Münsterplatzes.   Links: Das Historische Kaufhaus Rechts: Das Haus „Zum Ritter"

The southern side of Cathedral Square. Left: the Historic Merchant House.   Right: The House of the Knight.

Südländisches Flair

Während in anderen Städten die Fußgängerzone auf ein, zwei Straßenzüge beschränkt bleibt, haben die Freiburger schon Mitte der 1970er-Jahre entschieden, den Autoverkehr flächendeckend aus der Altstadt zu verbannen. Der Atmosphäre in der Innenstadt kommt das zweifelsohne zugute. Denn für das Attribut südländisch, das viele mit Freiburg verbinden, ist nicht nur das milde Klima verantwortlich – in Freiburg spielt sich ein Großteil des Lebens tatsächlich im Freien ab.

Sichtbares Zeichen dafür sind die unzähligen Cafés, Restaurants, Kneipen und Bistros, die alles dafür tun, damit sie Plätze unter freiem Himmel anbieten können, und seien es nur ein paar wenige Tische und Stühle. Drinnen sitzen – so hat es fast den Anschein – möchte man immer seltener. Längst ist die Freiluftsaison nicht nur auf die warme Jahreszeit beschränkt. Im Winter legen die Kellner schon mal Decken aus oder nehmen die gasbefeuerten Heizpilze in Betrieb – allen sonst in dieser Stadt so weit verbreiteten ökologischen Bedenken zum Trotz. Zum Glück aber sind die Temperaturen in Freiburg an sehr vielen Tagen ausgesprochen freiluft-freundlich. Im Sommer freut man sich über den Schatten in den engen Gassen der Altstadt, und nicht nur die Kinder stecken ihre Zehenspitzen gerne mal zur Abkühlung in eines der berühmten Bächle. Ein gutes Plätzchen zum Abkühlen bietet auch der Feierling Biergarten, wo man unter alten Kastanienbäumen ein Vesper und ein Glas Feierling-Bier aus der eigenen Hausbrauerei bekommt.

Ein Bummel durch die Altstadt bezieht seinen besonderen Reiz aus dem ständigen Wechsel von Räumen und Perspektiven. Es gibt Gassen, in denen kaum zwei Kinderwägen aneinander vorbei kommen und dann, nur wenige Schritte weiter, öffnen sich großzügige Plätze wie der Münsterplatz. Nach dem verheerenden Luftangriff vom November 1944, der weite Teile der Stadt zerstörte, widerstanden die Freiburger zumindest in der Innenstadt der Versuchung, die damals als fortschrittlich angesehene Nachkriegsarchitektur an die Stelle der historischen Bauten zu setzen. Heute beneiden viele deutsche Städte Freiburg um sein relativ geschlossenes Altstadtbild und viele Touristen wähnen sich zwischen sehr alten Gemäuern, oft ohne zu ahnen, dass fast alles davon nach dem Krieg mühsam wieder aufgebaut oder behutsam durch moderne, aber architektonisch passende Bauten ersetzt werden musste.

Wer mehr über das Münster, die drei Stadttore, das Alte Rathaus, das beeindruckende Historische Kaufhaus, ja überhaupt über Freiburgs Geschichte und Gegenwart erfahren möchte, dem sei übrigens eine Stadtführung ausdrücklich empfohlen. Denn die Variante, bei der der Fremdenführer mit aufgeklapptem Schirm und einer großen Gruppe durch die Stadt jagt, hat hier weitgehend ausgedient. 18 Anbieter für Stadtführungen nennt die Internetseite der Stadt Freiburg. Da ist für Interessierte von einer ersten Einführung über Rundgänge mit historischen Figuren, die von professionellen

Mediterranean flair

While other cities limit their pedestrian zones to one or two residential streets, Freiburgers decided in the mid-1970s to entirely ban automobile traffic from the historic town center. This has without a doubt improved the atmosphere in the city center – many people think of Freiburg as "Mediterranean" not only because of the mild climate, but also because much of the city life takes place outdoors.

This is clearly seen in the countless cafes, restaurants, bars, and bistros that will do anything to offer outdoor seating, even if it's only a few tables and chairs. It seems that people want to sit inside less and less, and the open-air season is no longer limited to the warm part of the year. In the winter, servers set out blankets or gas-powered heating units – despite the ecological consciousness that is otherwise so widespread in this city. Luckily, the temperatures on many days in Freiburg are quite conducive to spending time outside. In the summer, people enjoy the shade in the narrow streets of the old town, and the children aren't the only ones cooling off a little by dipping their toes in one of the city's famous "little canals" or Bächle. The Feierling beer garden offers a pleasant place to cool down – under old chestnut trees, with a selection of cold cuts and a glass of beer from Feierling's own brewery.

The constant change of spaces and perspectives lends a particular charm to a stroll through the old town. There are narrow alleys in which two strollers can barely pass each other – and then, just a few steps farther, spacious squares such as the cathedral square. After the devastating air strike in November 1944 that destroyed large parts of the city, Freiburgers resisted the temptation, at least in the old town, to replace historic buildings with the post-war architecture that was at that time seen as progressive. Today many German cities are envious of Freiburg's relatively enclosed old town, and many tourists imagine themselves to be surrounded by very old walls, without realizing that almost everything had to be painstakingly rebuilt or carefully replaced with modern but architecturally fitting buildings after the war.

Those who want to learn more about the cathedral, the three city gates, the old city hall, the impressive historic department store, and Freiburg's overall past and present should certainly consider a city tour. Tours in which a guide holds up an open umbrella and leads a large group have become fairly outdated here. The homepage for the City of Freiburg lists 18 city tour offerings. There's something for almost everyone: from a simple introduction to walking tours led by professional actors playing historical figures to guided bicycle tours and themed excursions.

Of course much of the bustle of the old town is thanks to the many stores that in most places have fit right into the historic ambience. The main shopping street is Kaiser-Joseph-Strasse (Emperor Joseph Street), which many residents shorten to "Kajo." The street is home to department stores as well as long-established, smaller shops.

Schauspielern dargestellt werden, bis hin zu geführten Radtouren und thematischen Exkursionen (fast) alles dabei.

Belebt wird die Innenstadt natürlich auch von den vielen Geschäften, die sich an den meisten Stellen gut in das historische Ambiente eingefügt haben. Haupteinkaufsmeile ist die Kaiser-Joseph-Straße, von den Einheimischen einfach nur „Kajo" genannt. Hier findet man Kaufhäuser, aber auch alt eingesessene Freiburger Geschäfte. Auf alle Fälle aber lohnt sich ein Gang durch die Seiten- und Parallelstraßen – viele interessante Entdeckungen lassen sich gerade dort machen. Wie es sich für eine Universitätsstadt gehört, gibt es viele Buchläden – kleine, spezialisierte Buchhandlungen, Antiquariate und große Geschäfte, in denen man Stunden verbringen kann. Musikfreunde finden an mehreren Stellen in der Stadt ein geschmackvolles CD-Angebot, Modeliebhaber stöbern in kleinen Boutiquen, Genießer entdecken Feinkost- und Weingeschäfte sowie Läden mit erlesenem Naschwerk. Besonderer Beliebtheit erfreuen sich in Freiburg auch Geschäfte, die einfach nur „schöne Dinge" für Haus, Garten und Balkon anbieten, nicht selten in einem dazu passenden Ambiente – beispielsweise in der Gerber- und Fischerau.

A stroll through the side streets is of course also very rewarding, with many interesting discoveries waiting to be made. As one would expect from a university town, there are a number of book stores – small, specialized bookshops, used book stores, and bigger stores where readers can lose themselves for hours. Music fans can find tasteful CD collections in many places; fashionistas can stumble into small boutiques, while connoisseurs discover gourmet stores, wine shops, and exquisite desserts. Especially loved in Freiburg are shops that simply offer "beautiful things" for the home, garden, and balcony, often in a pleasant atmosphere – some of these shops can be found in the Gerberau and Fischerau streets.

Blick über das Martins- und Schwabentor ins Dreisamtal
View over Martinstor and Schwabentor into the Dreisam Valley

Die Straßennamen Gerberau und Fischerau künden noch von alten Zeiten: Dort, wo sich einst Handwerker niedergelassen haben, findet man heute einige der beschaulichsten Flecken der Stadt Auf der sogenannten Insel zwischen Dreisam und dem alten Gewerbekanal lässt sich so manch wunderschöner Winkel entdecken – nebst interessanten kleinen Geschäften.

The street names Gerberau and Fischerau (tanner and fisher stream) still speak of the old days: the streets where craftspeople used to ply their trade are now two of the most tranquil spots in the city. On the "island" between the Dreisam and the old tradesmen's canal are a number of fascinating nooks and interesting shops waiting to be discovered.

„Feschtle" und „Hocks", wie man hier sagt, zählen zu den liebsten Freizeitbeschäftigungen der Badener. Ein Höhepunkt im Freiburger Festkalender ist jedes Jahr Anfang Juli das Weinfest auf dem Münsterplatz. Eine gute Gelegenheit badische Küche und vor allem die Weine aus der Region kennenzulernen. Über 70 Winzergenossenschaften und Weingüter präsentieren an den sechs Tagen ihre Erzeugnisse.

"Feschtle" and "Hocks," as street parties are called in this area, are among the most popular free-time activities for the people of Baden. A highlight of the Freiburg festival calendar every year is the wine festival on Cathedral Square in July, a great opportunity to get to know the cuisine and especially the wine of the region. Over 70 wine growers' cooperatives and vineyards present their products for six days.

Freiburgs Bächle

Wer als Gast Freiburg besucht und aus Versehen in ein Bächle tritt, so heißt es, kommt zurück in die Stadt an der Dreisam. Viel mehr Menschen kehren wohl allerdings wieder hierher, weil sie die Bächle wiedersehen wollen – und nicht, weil sie sie als Stolperfalle in Erinnerung haben. Die schmalen Wasserläufe in der Freiburger Altstadt sind jedenfalls echte Sympathieträger und keinesfalls nur für Touristen so etwas wie das Tüpfelchen auf dem Freiburger i.

Was heute zur typischen Atmosphäre der Stadt beiträgt, war früher einmal schlichte Notwendigkeit. Die Bächle sind als ergänzendes Wasserversorgungssystem entstanden, weil es Freiburgs kiesiger Untergrund den Menschen in früheren Zeiten schwer machte, Brunnen zu bohren. Die Bächle sind beinahe so alt wie die Stadt selbst: Vermutlich entstanden sie schon Ende des 12. Jahrhunderts, erstmals erwähnt werden sie in einer Urkunde von 1238. Sehr wahrscheinlich war ihre Hauptaufgabe die Wasserver- und nicht die Abwasserentsorgung, denn das Einleiten von Schmutzwasser wurde stark reglementiert und die Verschmutzung der Bächle war stets ein Thema in Freiburg – bis heute.

Als im 19. Jahrhundert die Verkehrsinfrastruktur in Freiburg ausgebaut wurde, gab es Stimmen, die Bächle abzuschaffen. Glücklicherweise wurde nicht auf sie gehört. Heute fließen die Bächle auf einer Länge von rund 7,5 Kilometern, davon 4,7 Kilometer offen, entlang Straßen, Wegen und Plätzen durch die Stadt – das natürliche Gefälle von Ost nach West macht es möglich. Um nochmal auf das Thema Stolperfalle zurückzukommen: Der Stadt bei einem Unfall die Schuld in die Schuhe zu schieben ist, wenn überhaupt, nur eingeschränkt möglich. Schon 1964 erklärte ein Gericht einem Mann, der sich im Bächle ein Bein gebrochen hatte, er müsse ein Drittel seines Schadens selbst zahlen. Die Begründung: „Von einem Besucher, der sich bereits einen Tag in Freiburg aufgehalten hatte, hätte man erwarten können, dass er die Bächle bemerkte."

Freiburg's Bächle

It's said that if you're visiting Freiburg and you accidentally stumble into a "Bächle", you will return to this city on the Dreisam. Many do, in fact, return here to see the Bächle once again – and not just because they once stumbled into them. The narrow canals in the old town are thought of fondly by tourists and locals alike as the icing on Freiburg's cake.

Although these days the Bächle only contribute to the typical atmosphere of the city, they used to be simply necessary. They began as a supplementary water supply, since Freiburg's rocky terrain made digging wells difficult. The Bächle are almost as old as the city itself: they were probably already built by the end of the 12th century and were first mentioned in records from 1238. It's most likely that their main role was providing water and not removing sewage, since the disposal of waste water was closely regulated and the contamination of the Bächle has always been an important topic in Freiburg, even today.

When the transportation infrastructure was being developed in the 19th century, there were those who proposed doing away with the Bächle. Luckily, they were not successful. Today the Bächle flow for a total of about 7.5 kilometers, 4.7 of those open, along streets, paths, and squares throughout the city, made possible by the natural east-to-west downhill slope. Returning to the topic of stumbling: in case of an accident, it's difficult – if not impossible – to hold the city responsible. As early as 1964, a court made a man who broke his leg in a Bächle pay a third of the hospital costs on his own. Their justification: "It's reasonable to expect that a visitor who has already been in Freiburg for a day would notice the Bächle."

Zu dem Gebäudekomplex der Sparkasse Freiburg-Nördlicher Breisgau zwischen Franziskanergasse und Kartoffelmarkt gehört eines der schönsten Bürgerhäuser der Stadt. Um 1515 wurde das Haus „zum Walfisch" mit seinem prächtigen spätgotischen Portalerker vom kaiserlichen Großschatzmeister Jakob Villinger von Schönenberg erbaut. Die Stadt erwarb 1905 das prunkvolle Haus und übergab es an die Städtische Sparkasse, die das Anwesen von den Architekten Max Meckel und seinem Sohn Carl Anton Meckel aufwendig umbauen und erweitern ließ. Das Kernstück bildet die, im Stil des Historismus entworfene und 1911 fertiggestellte neu-gotische Meckel-Halle, die heute für Ausstellungen, Vorträge und Konzerte genutzt wird.

Among the buildings belonging to the Sparkasse Freiburg-Nördlicher Breisgau bank complex between Franziskanergasse and Kartoffelmarkt is one of the finest former private residences in the city. The imperial treasurer Jakob Villinger von Schönenberg built the "Haus zum Walfisch (House of the Whale)," with its impressive Late Gothic bay window, around 1515.
The city acquired the extravagant house in 1905 and passed it on to Städtische Sparkasse, a local bank The bank then employed the architect Max Meckel and his son Carl Anton Meckel to run the elaborate project of converting and expanding the property. The neo-Gothic Meckel-Halle, designed in a historicist style and completed in 1911, is the heart of the complex and is now used for exhibitions, lectures, and concerts.

Oben: Das Martinstor   Above: Martinstor   Oben: Das Colombischlössle   Above: The Colombischlössle
Unten: Das Stadttheater   Below: The city theater   Unten: Das Schwabentor   Below: The Schwabentor
Links: Die Franziskanergasse   Left page: The Franziskanergasse

Im Circus Harlekin, der vom Jugendbildungswerk Freiburg organisiert wird, erarbeiten Kinder und Jugendliche jedes Jahr gemeinsam eine eindrucksvolle Zirkusshow. Neben Tourneen und Auftritten auf Festivals gehört die Vorführung auf dem Münsterplatz zum Höhepunkt des Zirkus-Jahres.

Circus Harlekin, organized by the Youth Educational Center of Freiburg, gives young people the opportunity to work together to develop an impressive circus show every year. Along with tours and appearances at festivals, the performance on the cathedral square is the highlight of the circus year.

Das Münster

Kein Kaiser, kein König und auch kein mächtiger Kirchenfürst war die treibende Kraft, die zur Erbauung des Freiburger Münsters führte. Initiator war um 1200 der Zähringer Herzog Bertold V., doch letztlich war es die selbstbewusste Bürgerschaft, die den Bau des Gotteshauses vorantrieb. Das weithin sichtbare Wahrzeichen der Stadt an der Dreisam ist in mehrfacher Hinsicht außergewöhnlich. So war das Münster trotz seiner beeindruckenden Ausmaße bis 1827, als Freiburg Sitz des Erzbistums wurde, nur eine einfache Pfarrkirche. Eine Pfarrkirche freilich „im Gewand einer Kathedrale", wie der Architekturhistoriker Pablo de la Riestra einmal formulierte.

Doch es ist weniger die Größe der Kirche, die kunsthistorische Kenner wie Touristen gleichermaßen beeindruckt, sondern vielmehr deren Schönheit. Wie nur wenige gotische Bauwerke bietet das Münster ein außerordentlich wohlproportioniertes Bild: harmonisch in seiner Gesamtheit, raffiniert im Detail. Ein Grund dafür ist sicher, dass wichtige Teile der Kirche in einer für mittelalterliche Verhältnisse relativ kurzen Zeit erbaut wurden. Besonders beeindruckend war die Leistung der mittelalterlichen Bauleute beim weltberühmten, 116 Meter hohen Turm, der um 1330 vollendet wurde – einer der wenigen gotischen Kirchtürme, die im Mittelalter auch fertiggestellt wurden. Und einer der beeindruckendsten. „Der schönste Turm der Christenheit" – dieses, lange Zeit dem Basler Historiker Jacob Burckhardt zugeschriebene Urteil jedenfalls ist zu einem geflügelten Wort geworden, das fast zwangsläufig fällt, wenn vom Freiburger Münster die Rede ist.

Bestätigt wird das Urteil auch von jenen, die den Turm, ja das gesamte Münster, kennen wie ihre eigene Westentasche: den Mitarbeitern der Münsterbauhütte. Mit der Sanierung des 46 Meter hohen Turmhelms arbeiten sie gerade an einem Großprojekt. Auslöser war eine windige Sommernacht im Juni 2005, als sich aus dem filigranen Maßwerk des Turms ein Stein löste und auf eine Zwischenplattform stürzte. Der Stein wurde im wahrsten Sinne des Wortes zum Stein des Anstoßes. Zu Schaden kam zum Glück niemand, doch eine anschließende genauere Inspektion des Turms machte klar: Es musste dringend etwas geschehen.

Allein die Vorarbeiten für das 2006 in Angriff genommene Sanierungsprojekt waren eine gewaltige Herausforderung. 1995 wurde der Turm drei Tage mit einem Hubschrauber umflogen und mit Spezialkameras genauestens für die photogrammetrische Auswertung fotografiert. Für die Sanierung musste ein sicheres Gerüst aufgebaut werden, das gleichzeitig die filigrane Konstruktion der Turmspitze nicht ins Wanken bringen durfte. Jedes einzelne der rund 1750 Krabben, Maßwerke und Strebensteine des Turmhelms wurde kartiert, katalogisiert und der Schaden genau erfasst – mithilfe modernster Computertechnik. Dafür entwickelten die Mitarbeiter der Münsterbauhütte eigens eine spezielle Software.

The Münster

The driving force behind the building of Freiburg's cathedral (Münster) was neither an emperor, a king, nor a powerful church dignitary. Count Bertold V of Zähringen initiated the process around 1200, but it was ultimately the self-reliant citizens who pressed ahead with the construction of the chapel. This landmark of the city, visible from afar, is remarkable in many ways. Despite its impressive size, the Münster was merely a parish church until 1827, when Freiburg became the seat of the archbishopric – although certainly a parish church "dressed up as a cathedral," as the architectural historian Pablo de la Riestra once noted.

However, it's not so much the size of the church as its beauty that impresses those versed in art history just as much as tourists. Unlike most Gothic structures, the Münster offers an unusually well-proportioned picture: harmonious as a whole, elaborate in the details. One reason for this is certainly that important parts of the church were built in a relatively short time in medieval terms. Especially impressive were the efforts of the medieval builders working on the world-famous tower, which is 116 meters high and was completed around 1330 – one of the few Gothic church towers that managed to be completed in the Middle Ages, and one of the most impressive. "The most beautiful tower in Christendom" – this verdict, long ascribed to the historian Jacob Burckhardt from Basel, has become an almost inevitable statement when speaking of the Freiburg Münster.

This opinion is also endorsed by those who know the tower, and in fact the entire Münster, like the back of their hands: the staff of the Münster masons' workshop. The restoration of the 46-meter high spire presents them with a major project. The catalyst was a windy summer night in June 2005, when a stone worked its way out of the filigree on the tower and fell onto an intermediate platform. This piece of the Münster's sandstone skeleton thus became a bone of contention. Luckily no one was hurt, but it became clear after a close inspection of the tower that something had to be done immediately.

Even before the restoration was begun in 2006, the preparation alone was an immense challenge. In 1995, a helicopter flew around the tower for three days, taking pictures with specialized photogrammetric cameras. Scaffolding had to be built that would be safe but at the same time not endanger the filigree on the spire. Every single one of the approximately 1750 crockets, traceries, and stones on the spire was charted and catalogued using the most up-to-date computer technology to find the exact extent of the damage. Those working on the Münster even developed their own specialized software for this task.

The preservation of the tower's historic structure is at the forefront of the restoration – after all, 80 percent of the elements are still

Im Vordergrund steht bei der Turmpyramidensanierung die Erhaltung der historischen Bausubstanz. Immerhin 80 Prozent der Bauteile sind noch Originale aus dem 14. und 16. Jahrhundert. Mit modernen Konservierungsmethoden lassen sich viele dieser alten Steine noch retten. Doch der Aufwand dafür ist groß: Bis zu sechs konservatorische Einzelmaßnahmen können an jedem Teil des Turms angewendet werden. Ist ein Austausch unvermeidbar, ist bei der Anfertigung einer Kopie detailgetreue Handarbeit in der Münsterbauhütte angesagt. Die anspruchsvolle Arbeit der Steinmetze unterscheidet sich bis heute nur wenig von der ihrer Vorgänger aus früheren Jahrhunderten.

Die größten Probleme bereiten den Münsterbauleuten nicht etwa die alten Bauteile aus dem Mittelalter, sondern jene, die bei zwei Turmsanierungen im vergangenen Jahrhundert eingefügt wurden. Das von Fachleuten unterschiedlichster Disziplinen begleitete Sanierungsprojekt bietet ständig neue Erkenntnisse und Überraschungen. So fand man heraus, dass Teile des Turmhelms von innen farbig angemalt worden waren. Auch der Sanierungsbedarf erwies sich im Laufe der gründlichen Untersuchung höher als ursprünglich angenommen. Es müssen deutlich mehr Krabben – das sind die Zierelemente an den Kanten der achteckigen Turmspitze – ausgetauscht werden als anfänglich gedacht. Unwägbarkeiten dieser Art lassen das ursprünglich für das Jahr 2010 anvisierte Ende der Turmsanierung nur schwer vorhersagen. Hinzu kommt, dass das Wetter eine entscheidende Rolle spielt – und natürlich auch das Geld: Großes Engagement der Kirche, der öffentlichen Hand, vor allem aber der Bürgerschaft ist vonnöten, um die Mittel für das aufwändige Projekt zusammen zu bekommen. Kreativität hat der Münsterbauverein deshalb nicht nur bei der Sanierung selbst bewiesen, sondern auch beim Einsammeln von Spenden. Unter anderem ist es möglich, Pate eines Steines in der Turmspitze zu werden.

Auch der Erhalt der übrigen Teile des Münsters ist eine Daueraufgabe. Während die einen in luftiger Höhe arbeiten, kümmern sich die Kollegen um Instandhaltungen an der Fassade oder im Inneren der Kirche. Die Angestellten der Münsterbauhütte haben jedenfalls alle Hände voll zu tun. Und man kann ihnen dabei zusehen. Für die Turmsanierung wurde eigens eine Werkstatt am Münster errichtet – mit großen Fenstern. Auch die eigentliche Münsterbauhütte in der Schoferstraße am Fuße des Schlossberges steht Besuchern offen.

originals from the 14th and 16th centuries. Thanks to modern preservation methods many of these original pieces can still be saved. However, the effort expended is great: up to six individual measures of preservation can be taken for each piece of the tower. If an individual piece cannot be restored, the copy must be made by hand with details true to the original. The demanding work done by stonemasons has changed very little throughout the centuries.

The biggest problems are not posed by the original medieval elements, however, but rather by those that were added during two restorations in the last century. The current restoration project, led by experts from a wide range of disciplines, continues to produce new revelations and surprises – for example, that some parts of the spire had been colorfully painted on the inside. In addition, the extent of the need for restoration has, during the thorough analysis, proved itself to be much larger than originally estimated. For example, many more crockets – the ornamental elements on the edges of the octagonal spire – have to be exchanged than was thought at first. Such changes will make it difficult to finish the work by 2010 as was originally estimated. The weather also plays a decisive role – as does, of course, money: serious commitment from the church, the public authorities, and most of all the citizens of Freiburg is necessary to gather the means for this extensive project. In light of this, the group leading the project has demonstrated its creativity not just in the case of the restoration itself but also in terms of collecting donations – among other possibilities, patrons can "adopt" a particular stone in the spire.

The preservation of the other parts of the Münster is also an ongoing project. While some work at great heights, their colleagues concentrate on the maintenance of the façade and the inside of the church. Those working on the Münster certainly have their hands full. A workshop for the tower restoration – with large windows – has been set up right at the Münster, and the usual workshop on Schoferstraße at the foot of the Schlossberg is also open to visitors.

Das Freiburger Münster ist weltweit eines der schönsten Beispiele
gotischer Kirchenbaukunst. Der
beeindruckende Innenraum ist
ausgestattet mit einer Vielzahl
kunstgeschichtlich bedeutender
Werke. Als besonders sehenswert
gelten unter anderem der Hoch-
altar von Hans Baldung Grien und
die farbenprächtigen Fenster.

Freiburg's cathedral is one of the
most beautiful examples of Gothic
religious architecture in the world.
The impressive interior includes
a number of important artworks.
The high altar painted by Hans
Baldung Grien and the colorful windows are especially worth a visit.

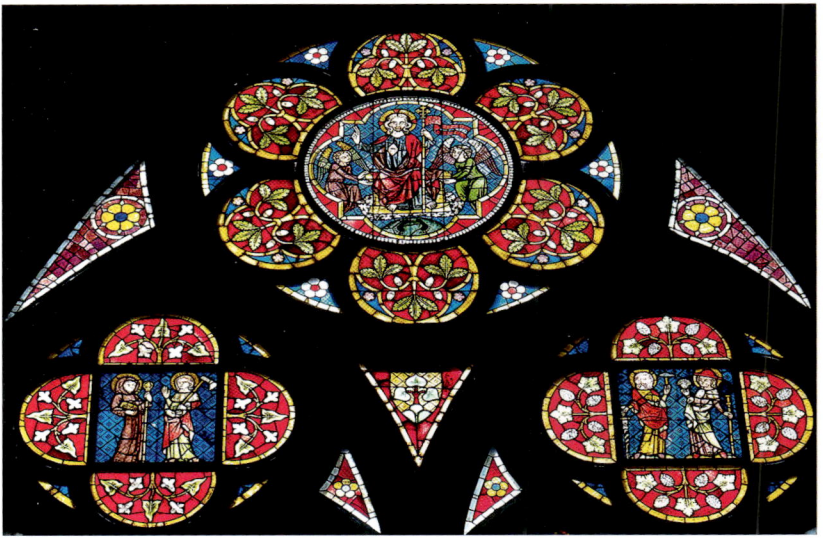
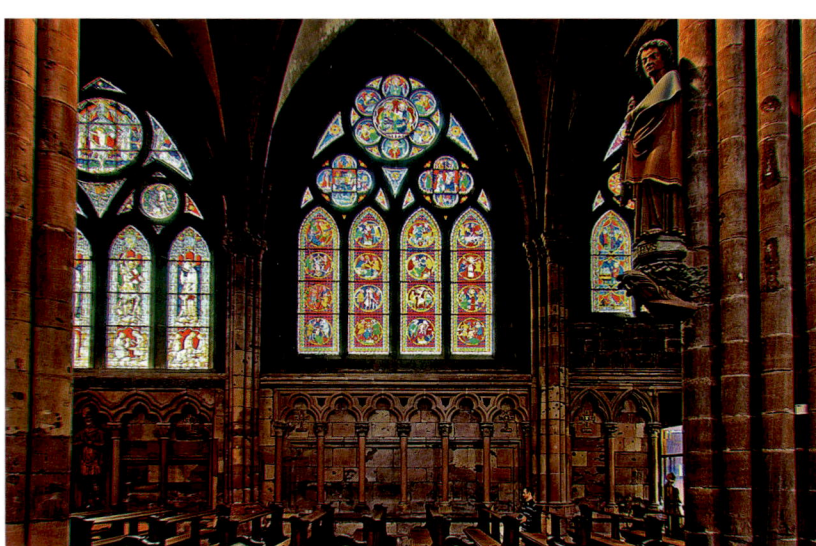

Auf dem „schönsten Turm der Christenheit" strahlt das Team der Münsterbauhütte mit der frisch sanierten Wetterfahne um die Wette. Die Gelegenheit für ein solches Bild übrigens dürfte so bald nicht wiederkehren. Nachdem Erzbischof Robert Zollitsch im November 2007 die Wetterfahne eingesegnet hatte, wanderte das atemberaubend ausschauende Gerüst einige Meter tiefer. Und bis zur nächsten Turmsanierung in 60, 80 oder gar 100 Jahren dürfte kein Mensch mehr diesen Freiburger Spitzenplatz erklimmen.

The team from the Münster masons' workshop beams by the weathervane. Such a picture won't be possible again for a while. After Archbishop Robert Zollitsch blessed the weathervane in November 2007, the breathtaking structure was lowered a few meters. Probably no one will be able to scale this top spot until the next tower restoration in 60, 80, or maybe even 100 years.

Abgesehen von Atemschutz und Schutzbrille hat sich die Arbeit der Steinmetze in der Münsterbauhütte im Laufe der Jahrhunderte kaum verändert. Wie schon bei ihren Vorgängern im Mittelalter ist auch bei den heutigen Vertretern dieser Zunft, unter ihnen übrigens viele Frauen, in erster Linie Handarbeit angesagt. Da fast jedes Bauteil eine ganz eigene Bearbeitung erfährt, würde sich der Einsatz komplizierter Maschinen nicht lohnen. Außerdem, so sagen die Steinmetze nicht ohne Stolz, strahlten nur handbearbeitete Steine Leben aus.

Besides the use of facemasks and safety goggles, the work of the Münster stonemasons has changed very little throughout the centuries. Just as their predecessors in the Middle Ages did, these craftsmen – and now many craftswomen – work mainly by hand. Because almost every piece requires a unique treatment, using complicated machines wouldn't make sense. Besides, as the stonemasons say with pride, only hand-treated stones radiate life.

Das Archäologische Museum Colombischlössle im Colombipark.
The Archaeological Museum Colombischlössle in Colombipark.

Alt und exzellent: 2007 feierte die Albert-Ludwigs-Universität Freiburg ihr 550-jähriges Bestehen. Und pünktlich zum Jubiläum wurde sie als „Exzellenzuniversität" ausgezeichnet. Damit spielt die Freiburger Uni nun auch ganz offiziell in der obersten Liga der deutschen Hochschulen. Die Entwicklung der Stadt an der Dreisam hat die Universität maßgeblich mitbestimmt – auch äußerlich. Große Teile der Innenstadt werden von Gebäuden der Hochschule geprägt.

Old and excellent: the Albert-Ludwigs-Universität Freiburg celebrated its 550th anniversary in 2007. At the same time, it was ranked as a "University of Excellence," officially making the school a competitor in the top league of German higher education institutions. The university has had a significant impact on the development of this city, inwardly and outwardly – large parts of the city center are filled with university buildings.

Studieren in Freiburg

Schon der Blick auf den Stadtplan zeigt: Ohne Universität hätte Freiburg ein völlig anderes Gesicht. Rund 120 Gebäude gehören zur Albert-Ludwigs-Universität, ganze Stadtviertel dienen der Forschung und Lehre. Insgesamt beansprucht die Universität eine Fläche von 437.000 Quadratmetern für sich. Und das nicht irgendwo draußen auf der grünen Wiese, sondern direkt in der Innenstadt oder in unmittelbarer Nähe zum Zentrum. Doch die Universität ist natürlich viel mehr als eine Ansammlung von Bauwerken: Worauf es ankommt, sind die Menschen, die sie mit Leben füllen. Gut 20.000 Studierende sind eingeschrieben, 138 Studiengänge stehen ihnen zur Auswahl. Übrigens: Seit geraumer Zeit gibt es etwas mehr Studentinnen als Studenten. Im Wintersemester 2007/2008 lag der Frauenanteil bei knapp 53 Prozent.

Die Universität ist einer der bedeutendsten Arbeitgeber nicht nur in Freiburg, sondern in der gesamten Region. 6.180 Menschen arbeiten allein an der Uni selbst, hinzu kommen über 9.200 Angestellte an den 13 Kliniken und 12 Instituten des Universitätsklinikums, das mit 1.600 Betten eine herausragende Rolle bei der medizinischen Versorgung von Freiburg und ganz Südbaden spielt.

Vom österreichischen Erzherzog Albrecht VI. 1457 gegründet, lag der Schwerpunkt der Albert-Ludwigs-Universität traditionell bei den Geisteswissenschaften. Zwar spielen Theologie, Philosophie, Jura, Sprach-, Wirtschafts- und Sozialwissenschaften nach wie vor eine bedeutende Rolle, doch hat es Freiburg geschafft, sich ebenso im naturwissenschaftlichen Bereich an der Spitze der deutschen Universitäten zu etablieren. Herausragenden Ruf etwa besitzt die biologische Fakultät, deren Arbeit erheblich dazu beigetragen hat, dass die Freiburger Universität 2007, im Jahr ihres 550-jährigen Bestehens, mit dem Titel einer „Exzellenzuniversität" ausgezeichnet wurde. Jüngstes Kind im Reigen der Fakultäten sind die Angewandten Wissenschaften, Informatik und Mikrosystemtechnik, die 1994 unweit des Freiburger Flugplatzes angesiedelt wurden. Noch heute werden die Angewandten Wissenschaften hier und dort als 15. Fakultät bezeichnet, was sie zum Zeitpunkt ihrer Gründung tatsächlich waren. 2002 jedoch hat die Universitätsleitung die Zahl der Fakultäten durch Zusammenlegungen auf insgesamt elf reduziert. Forschung und Lehre ist in Freiburg aber keinesfalls auf die Universität beschränkt. Eine katholische und eine evangelische Fachhochschule für Sozialwesen mit insgesamt rund 1.900 Studenten bilden den Nachwuchs in pädagogischen und sozialen Berufen aus, die Pädagogische Hochschule, mit über 4.000 Studierenden die zweitgrößte Hochschule in Freiburg, kümmert sich um die Ausbildung von Lehrern. Und schließlich bereiten sich etwa 550 junge Menschen aus aller Herren Länder an der Hochschule für Musik auf eine Karriere als Instrumentalist, Sänger oder Musikpädagoge vor. Die Dichte und hohe Qualität der Freiburger Hochschullandschaft hat eine Vielzahl hochkarätiger Forschungseinrichtungen angezogen

Studying in Freiburg

Even a quick glance at a map of the city shows that Freiburg would look completely different without a university. About 120 buildings belong to Albert-Ludwigs-Universität, and entire city districts serve research and educational purposes. The university takes up a total area of 437,000 square meters – and not on an out-of-town campus, but directly in and around the city center. But the university is of course much more than a collection of buildings: what really matters is the people who fill it with life. A good 20,000 students are registered for 138 courses of study. By the way, for quite some time there have been slightly more women than men at the university – in the winter semester 2007-08, women made up almost 53% of the student body. The university is one of the most important employers not only in Freiburg but in the whole region. The university itself employs 6,180 people; in addition, more than 9,200 work in the 13 clinics and 12 institutes of the University Clinical Center, which with 1,600 beds plays an exceptional role in medical care in Freiburg and all of southern Baden.

Albert-Ludwigs-Universität was founded by the Austrian Archduke Albrecht VI in 1457 and traditionally focused on the humanities. Although theology, philosophy, law, linguistics, economics, and social sciences continue to play an important role, Freiburg has managed to establish itself as a top German university in the natural sciences, as well. The biology department, for example, enjoys an excellent reputation and contributed considerably to the university's being awarded the Ivy League title of a "University of Excellence" in 2007, its 550-year anniversary. The most recent addition to the university is the Department of Applied Sciences – computer sciences and micro-systems – which was established not far from the airfield in 1994. Today the Department of Applied Sciences is still referred to here and there as the "15th department", which it indeed was when it was established; however, in 2002 the university administration combined some of the departments, reducing the number to eleven. Research and instruction in Freiburg is, however, in no way limited to the university. Two universities of applied studies for social affairs, one Catholic and one Protestant, together prepare about 1,900 students for pedagogical and caring professions. A university of education focuses on instructing future teachers and is the second largest higher education institution in Freiburg with over 4,000 students. Finally, about 550 young people from all over the world attend the Conservatory to train for careers as instrumentalists, singers, and music teachers.

The density and high quality of higher education institutions in Freiburg has attracted many top-class research facilities and encouraged the founding of even more. The Fraunhofer Society runs five research institutes in Freiburg; the Max Planck Society, two – one for immuno-biology and one for international criminal law. The Kiepenheuer Institute for Solar Physics of the Leibniz-Gemeinschaft has also found

oder deren Gründung initiiert. So betreibt die Fraunhofer-Gesellschaft fünf Forschungsinstitute in Freiburg, die Max-Planck-Gesellschaft zwei – eines für Immunbiologie und eines für internationales Strafrecht – und auch das Kiepenheuer-Institut für Sonnenphysik der Leibniz-Gemeinschaft ist in Freiburg beheimatet. Viele Institutsmitarbeiter sind Professoren an der Universität und in den Instituten bekommen Studenten Einblicke in die Forschungspraxis und der eine oder andere auch die Chance, die nächste Stufe der wissenschaftlichen Karriereleiter zu erklimmen.

a home in Freiburg. Many researchers at the institutes are also professors at the university, and the institutes provide students with insights into research practices and occasionally the chance to climb to the next rung of the scientific career ladder.

In Freiburg wird nicht nur an der Universität studiert. An der 1946 gegründeten Hochschule für Musik bereiten sich junge Menschen aus aller Welt auf eine Karriere als Musiker oder Musikpädagoge vor. Die Musikhochschule ist jedoch nicht nur als Ausbildungsort für Freiburg von Bedeutung. Mit jährlich über 400 öffentlichen Konzerten bereichert sie das kulturelle Leben der Stadt.
Unten links: Teil der Figurengruppe „Die Lauschenden" von Karl-Henning Seemann

The university isn't the only place of study in Freiburg. Young people from around the world attend the Conservatory, founded in 1946, to prepare themselves for careers as musicians and music teachers. The Conservatory is meaningful for Freiburg not only as an institution of learning – with over 400 public concerts every year, it also enriches the city's cultural life.
Below left: Part of the sculpture group "Die Lauschenden (The Eavesdroppers)" by Karl-Henning Seemann

Über 20.000 Studenten zählt allein die Albert-Ludwigs-Universität, hinzu kommen noch etwa 6.500 weitere, die an verschiedenen Fachhochschulen eingeschrieben sind. Damit zählt Freiburg zu den Städten in Deutschland, deren Atmosphäre maßgeblich durch das studentische Leben geprägt wird. Freiburg ist als Studienort außerordentlich beliebt – was nicht nur am guten Ruf der Universität liegt. Offenbar gefällt vielen jungen Menschen, dass die Stadt im Dreiländereck gerade groß genug ist, um ihnen ein attraktives und vielseitiges Freizeit- und Kulturangebot zu bieten, aber doch klein genug, um sich nicht darin zu verlieren. Alles ist überschaubar. Und selbst wer an einem Ende der Stadt wohnt und am anderen studiert, kann die Strecke gut mit dem Fahrrad bewältigen – und tut es auch. Dieser Tatsache hat Freiburg seinen Ruf als Fahrradstadt hauptsächlich zu verdanken. Und natürlich sind unter den rund 70 Millionen Fahrgästen, die die Freiburger Verkehrs AG auf ihren fünf Straßenbahn- und 22 Buslinien transportiert, auch viele Studierende.

Fragt man die jungen Leute nach ihren Lieblingsorten, so bekommt man als Antwort oft heimelige Ecken genannt, Orte, die zu Mußestunden einladen oder an denen sich die Natur intensiv erfahren lässt. Das kann der Augustinerplatz sein, den viele besonders abends und nachts attraktiv finden. Oder das Dreisamufer, wo an schönen Tagen so manches Mittagsschläfchen gehalten wird. Der sagenumwobene Kybfelsen steht bei vielen Studenten ganz oben auf der Liste der Lieblingsplätze, ein gern gewähltes Ziel auch für eine kleine, aber durchaus anspruchsvolle Feierabendrunde mit dem Mountainbike. Der Schwarzwald liegt vor der Haustür, das wissen auch die Studenten zu schätzen. Sei es, um am Wochenende ausgedehnte Radtouren zu unternehmen oder auf dem Schauinsland einfach mal über alle Dinge hinwegzusehen – Studienlektüre und Prüfungsstress inklusive.

Studentisches Leben in Freiburg heißt aber natürlich auch quirliges Leben in der Stadt. Beim Cappuccino in einem der zahllosen Cafés über Gott und die Welt diskutieren, auf der Parkbank über dem Notebook brüten, sich abends mit Freunden zum Kinobesuch treffen. Apropos Kino: Freiburg ist, bezogen auf die Einwohnerzahl, eine der am besten mit Lichtspielhäusern versorgten Städte Deutschlands. Natürlich laufen auch hier die Blockbuster aus Hollywood. Daneben aber bieten Programmkinos jede Menge Leckerbissen für anspruchsvolle Cineasten. Arthaus-Filme, Independent-Produktion, Originalfassungen auch in exotischen Sprachen: Was immer die nationale und internationale Filmszene produziert – in Freiburg ist die Chance groß, dass es auf die Leinwand kommt.

Albert-Ludwigs-Universität alone has more than 20,000 students; on top of that are approximately 6,500 more attending the various other institutions of higher learning. Freiburg can therefore be counted among the German cities where the atmosphere is dominated by student life. Freiburg is incredibly beloved as a place to study – and not just because of the university's great reputation. Clearly this city, besides providing easy access to Switzerland and France, attracts many young people because it is just big enough to offer many interesting and diverse leisure and cultural activities, but still small enough so they don't feel lost. Everything is manageable, and even someone who lives in one end of the city and studies on the other end can easily commute by bicycle – and many do, contributing significantly to Freiburg's reputation as a bike-friendly city. And of course many students are among the approximately 70 million passengers annually of the five streetcar and 22 bus lines operated by the Freiburger Verkehrs AG.

When young people are asked about their favorite places in the city, they often speak of quaint spots where they can while away the hours or experience nature close up. It could be the Augustiner Square, where people gather especially in the evening and at night, or the bank of the Dreisam River, which on beautiful days is populated by people taking naps. At the top of the list for many students is the legendary Kybfelsen, a good location for a quick but still quite demanding mountain bike ride. The Black Forest is right at the students' doorstep, and they take full advantage of that, whether by going on an extended bike tour on the weekend or spending time on Schauinsland in order to just get away from everything for a while – including reading requirements and exam stress.

Student life in Freiburg also means, of course, much to do in the city – discussing everything under the sun over a cappuccino in one of the countless cafés, brooding over laptops on a park bench, and meeting up with friends for a movie in the evening. Speaking of movies: Freiburg has one of the highest per capita densities of movie theaters among German cities. Of course all the Hollywood blockbusters play here, but there are also many treats for discerning cinema fans. Art house films, independent productions, original versions even of movies in exotic languages – whatever the national and international film industry produces, there's a good chance that it'll be on the big screen in Freiburg.

Mit einer Fakultät für Angewandte Wissenschaften hat die Universität Freiburg Mitte der 1990er-Jahre auf den steigenden Bedarf an Fachkräften für Informatik und Mikrosystemtechnik reagiert. Die neue Fakultät entstand unweit des Flugplatzes – architektonisch ambitioniert und künstlerisch verfeinert – zum Beispiel mit der dreiteiligen Skulpturengruppe „Jump and Twist" des amerikanischen Künstlers Dennis Oppenheim.

The University of Freiburg responded to the growing need for specialists in computer sciences and microsystems technology by establishing the Department of Applied Sciences in the mid-1990s. The new department, not far from the airfield, is architecturally ambitious and displays a number of works of art, including the three-part sculpture group "Jump and Twist" by American artist Dennis Oppenheim.

Studentenleben

Gut ein Sechstel der Studenten in Freiburg lebt in Wohnheimen des Studentenwerkes oder anderer Träger. In den Wohngemeinschaften findet man eine kunterbunte Mischung von Studenten unterschiedlichsten Alters, Herkunft und Studienrichtung. Vor allem für ausländische Studenten, deren Anteil in Freiburg bei über 15 Prozent liegt, sind die Wohnheime eine attraktive und erschwingliche Unterkunftsmöglichkeit. Und natürlich entfalten die Studenten-WGs in den Wohnheimen ihren ganz eigenen Charme.

Wie zum Beispiel in der Thomas-Morus-Burse in Littenweiler, wo das gemeinsame Kochen in der WG-Küche eine besondere Form der Gruppendynamik entfacht. Taschen mit Lebensmitteln landen auf der Ablage, Töpfe, Pfannen und Schneidebretter werden aus den Schränken gezogen, Messer gezückt. Schon fließt das erste Blut bei dem ungestümen Versuch eine Zwiebel zu zerkleinern. So was kommt wohl öfter vor, die Pflaster jedenfalls sind nicht weit. Genau so wenig wie der CD-Player. Studenten-Kochen ohne Musik ist undenkbar, wenn auch nicht ganz unproblematisch. „Och nee", mault es aus einer Ecke, als die ersten Töne dem Lautsprecher entweichen, schließlich aber findet sich eine konsensfähige Musikauswahl.

Ruhiger Fels in der Brandung ist Himjyot. Der 27-jährige Inder, der in Freiburg an seiner Doktorarbeit in Biochemie arbeitet, verwöhnt die WG immer wieder mal mit indischen Blitz-Gerichten. Improvisation ist da gefragt, erklärt Himjyot, Rezepte braucht er keine. Während sich der Curry-Duft immer intensiver ausbreitet, rücken im Nebenraum die WG-Bewohner zusammen. Wenn mal wirklich alle da sind, wird es schon etwas enger. Das aber kommt selten vor. Studenten-WGs sind Orte mit einer gewissen Zentrifugalkraft.

Viel wurde schon darüber geschrieben, inwieweit sich die Studenten heute von denen früherer Generationen unterscheiden. Doch wer selbst in einer Studenten-WG gewohnt hat oder zumindest einmal dort zu Besuch war, wird feststellen, dass sich vieles kaum oder gar nicht verändert hat. Wie die Träume von der großen weiten Welt. Anna, die nebenher in einer Bäckerei arbeitet und so die WG regelmäßig mit einer großen Tüte Reste-Backwaren versorgen kann, hat ein großes Bild eines alten VW-Bully im WG-Wohnzimmer angebracht – ihr Traumwagen wäre das zur Entdeckung der Welt. Der Medizinstudent Christian hat dagegen als Anhalter schon viel gesehen, die nächste Tour soll nach Dubrovnik gehen.

Ein weniger erbauendes, aber genau so immerwährendes Thema wie das Reisen ist die Ordnung in einer Studenten-WG. Ausgeklügelte Systeme dazu gibt es auch in der Thomas-Morus-Burse. Wer nicht gleich sein Geschirr abwäscht, soll es mit einem Klämmerchen markieren und damit anzeigen, wer für die schmutzigen Töpfe verantwortlich ist. „Soweit die Theorie", sagt Matthias, der Theologie studiert, und grinst.

Student life

A good sixth of the students in Freiburg live in student dormitories run by the Student Services Office or other agencies. A hodgepodge of students with different ages, origins, and majors gather in the shared apartments. Especially international students, which account for over 15% of the student body, consider the dormitories to be an attractive and affordable option. And of course every shared apartment in the dormitories has its own special charm.

The Thomas-Morus-Burse in Littenweiler is a prime example of this, with collective cooking helps to unfold a special form of group dynamics. Grocery bags are tossed on the counter; pots, pans, and cutting boards are pulled out of the drawers; knives are drawn. A lively attempt at chopping an onion draws the first blood – which clearly happens a lot, judging by the bandages close at hand. The CD player is also not far, since cooking without music is unthinkable for students – although playing DJ does not always go off without a hitch. "Oh, no way," someone gripes from one of the corners as the first notes emit from the speakers, but eventually the group finds music that everyone can live with.

Himjyot is the calm at the eye of this storm. The 27-year-old Indian, who is pursuing his doctorate in biochemistry in Freiburg, enjoys treating his roommates to impromptu Indian dishes. Himjyot explains that he doesn't need any recipes – improvisation is the name of the game. While the smell of curry intensifies and wafts throughout the apartment, his roommates gather together in the next room. When all of the roommates are present, space can get tight, but that rarely happens – student apartments tend to exhibit a kind of centrifugal force.

Much has already been written about how the students of today are different than past generations. However, anyone who's lived in a student apartment or at least visited one can see that very little, if anything, has changed – for example, the same dreams of exploring the big wide world. Anna, who also works in a bakery and therefore regularly supplies the apartment with big bags of leftover baked goods, has hung up a big poster of an old VW van in the living room. She daydreams about exploring the world at the wheel of that van; in the meantime, she hitchhikes. Christian, a medicine student, has already seen a lot while hitchhiking and plans to head to Dubrovnik next time.

A less fascinating but just as constant topic in any shared student apartment is organization and cleaning. The roommates in the Thomas-Morus-Burse apartment have developed some ingenious procedures to handle this – for example, those who don't wash their dishes right away mark them with a clip to claim responsibility for the dirty pots. "Or at least that's the theory," says Matthias, a theology student, and grins.

Jonas aus Charolles, Mikrosystemtechnik / microsystems technology

Sarah aus Bad Dürrheim, Lehramt / education

Baddy aus Lörrach, Biologie / biology

Axel vom Chiemsee, Germanistik und Englisch / German and English

Christian aus Schwerin, Medizin / medicine

Andi aus Siegen, Sport, Geschichte und Politik / sports science, history, and political science

John-Nicolas aus Ulm, Jura / law

Jiyoon aus Südkorea, Jura / law

Rebekka aus Bonn, Geschichte und Politik / history and political science

Ricardo aus Rio de Janeiro, Umweltpolitik / environmental policy

Martin aus Bratislava, Jura / law

Garrett aus North Carolina, BWL und Kunst / business administration and art

Collegium Borromaeum

Wirkt die würdige Fassade an der Schoferstraße noch eher streng, ja fast abweisend, ändert sich der Eindruck, wenn man an der Pforte vorbei das lichtdurchflutete Innere des weitläufigen Gebäudekomplexes betritt. Was nach etwas näherer Betrachtung an ein Studentenwohnheim erinnert, ist auch eines. Ein ganz besonderes allerdings: Im Collegium Borromaeum werden die Priester für die Erzdiözese Freiburg ausgebildet. Rund 60 junge Männer bilden hier eine Lern- und Lebensgemeinschaft, die weit über die Inanspruchnahme von Unterkunft und Verpflegung hinausgeht. Neben dem Theologiestudium an der Albert-Ludwigs-Universität erhalten sie hier eine zusätzliche, vor allem geistliche und praxisbezogene Ausbildung, die sie auf den Priesterberuf vorbereiten soll. Einen wichtigen Stellenwert hat das Reifen des eigenen Glaubenslebens während der sechs Jahre, in denen das Collegium Borromaeum zur Heimat der Priesterkandidaten wird.

Dass ihr Entschluss, katholischer Priester zu werden, heutzutage alles andere als selbstverständlich ist, ist den jungen Männern wohl bewusst. Das Klischee weltabgewandter Eigenbrötler zu widerlegen, fällt ihnen aber nicht schwer. Fröhlich und lebhaft geht es im Collegium zu, Musik spielt eine große Rolle und beim Fußballspiel im Innenhof wird die christliche Nächstenliebe mitunter auf eine harte Probe gestellt. Den Collegiums-Verantwortlichen ist es wichtig, ein offenes Haus zu führen. Priesterausbildung, so sagen sie, solle nicht im Verborgenen geschehen, sondern transparent sein auch für diejenigen, die später mit diesen Priestern zu tun haben werden.

Diese Offenheit ist kennzeichnend für den Katholizismus Freiburger Prägung. In der Stadt, in der bemerkenswert viele religiöse und weltanschauliche Strömungen zu finden sind, spielt die katholische Kirche nach wie vor eine bedeutende Rolle. Immerhin ist Freiburg Zentrum des zweitgrößten Erzbistums in Deutschland: mit über zwei Millionen katholischen Gläubigen und einem Einzugsgebiet, das vom Odenwald bis an den Bodensee reicht. Zudem hat der Wohlfahrtsverband der katholischen Kirche in Deutschland, die Caritas, ihren Sitz in Freiburg; ebenso das Hilfswerk Caritas International, das sich jährlich mit rund 1000 Projekten in den Krisenregionen dieser Welt engagiert.

Seit Februar 2008 ist der Freiburger Erzbischof Robert Zollitsch auch Vorsitzender der Deutschen Bischofskonferenz. Zollitsch, der sich selbst als „konservativ im guten Sinne" bezeichnet, ist ein Mann der ab- und ausgewogenen Töne, einer, der „Denkverbote" ablehnt, der für seine ökumenischen Bemühungen auch bei den evangelischen Christen in Baden geschätzt wird, und der viel Wert auf die soziale und ökologische Verantwortung der Kirche legt.

Collegium Borromaeum

If the dignified façade on Schoferstraße seems austere or even off-putting, this impression changes once one has passed through the portal and stepped into the flood of light filling the interior of this spacious building complex. Upon closer inspection, the area reminds one of a student dormitory – which it in fact is. However, it's not just any dormitory: in the Collegium Borromaeum, future priests are trained to serve the Archdiocese of Freiburg. About 60 young men make up this learning and living community that provides much more than just room and board. As a complement to their theology studies at the Albert-Ludwigs-Universität, they receive additional instruction focussed on spiritual and practical matters here in the Collegium Borromaeum that will prepare them for the priesthood. The development of their own belief system is of great significance during the six years in which the Collegium is home to the future priests.

The young men understand well that their decision to become Catholic priests is hardly a usual one these days. Nevertheless, it's not very difficult for them to refute the stereotype of isolated loners. The Collegium is full of life and joy; music plays an important role, and soccer games in the courtyard put the Christian ideal of charity to the test. Those responsible for the Collegium find it important to run an open house – they believe that the education of future priests should not be secretive, but rather transparent, especially for those for whom these priests will later be an important part of life.

This openness is characteristic of Catholicism as it's practiced in Freiburg. Although a remarkable number of religious and philosophical communities can be found in the city, the Catholic Church continues to play a meaningful role. After all, Freiburg is the hub of the second biggest archbishopric in Germany, with over two million members of the Church and a territory reaching from the Odenwald mountain chain to Lake Constance. In addition, Caritas, the Catholic charity organization in Germany, is headquartered in Freiburg, along with the relief organization Caritas International, which engages in about 1,000 projects each year in conflict zones around the world. Since February 2008, Freiburg's archbishop Robert Zollitsch has also been the chairman of the German Bishops' Conference. Zollitsch, who describes himself as "conservative in the good sense," is a man of deliberate and balanced tones, someone who disapproves of restricting free thought, who is also appreciated by the Protestants in Baden for his ecumenical efforts, and who puts a high value on the church's social and environmental responsibilities.

Stadt der Genießer

Wer in Freiburg einkehren will, hat ein Problem: Wofür soll er sich entscheiden? Die gastronomische Vielfalt ist riesig. Die badische Küche gilt zurecht als eine der besten Regionalküchen Deutschlands. Zu verdanken ist das zum einen dem kulinarisch günstigen Einfluss der Nachbarn in Frankreich und in der Schweiz. Und natürlich dem milden Klima in der Region und damit der Möglichkeit, auf gute Produkte zurückgreifen zu können. Wo die Zutaten herkommen, wie sie erzeugt und behandelt werden, das interessiert in Freiburg die Menschen womöglich noch mehr als anderswo. Und die Gastronomie stellt sich darauf ein.

Wer gut und typisch badisch essen will, wird vor allem in den historischen Gasthäusern fündig, die oft eine Jahrhunderte lange Geschichte zu erzählen haben – wie zum Beispiel das 1738 gegründete Hotel-Restaurant Oberkirch direkt am Münsterplatz. Vor wenigen Jahren stilvoll renoviert wurde der Große Meyerhof in der Grünwälderstraße. Schnörkellose Badische Küche wie eine deftige Kartoffelsuppe, ein Schäufele mit Kartoffelsalat oder einen herzhaften Wurstsalat gibt es hier auch in kleineren, günstigen Portionen. Raffinierte Interpretationen der Regionalküche, mit einem Hauch Mediterranem, bietet das Schlossberg-Restaurant Dattler – eine grandiose Aussicht über die Stadt inklusive. Wer den Aufstieg zu Fuß scheut, lässt sich mit der neuen Bahn auf den Schlossberg fahren.

Und dann ist da der naturgemäß hohe gastronomische Bedarf der Freiburger Studenten. Das Angebot an Cafés, Kneipen und Bistros ist schier unüberschaubar. Und dorthin geht man nicht nur, um etwas zu trinken. Auch wenn es Studenten nie günstig genug sein kann: Selbst mit einem schmalen Budget bleibt man nicht auf Pommes und Wurst beschränkt. Wiewohl gerade die Freiburger „Rote", eine lange Bratwurst, viele Liebhaber hat. Der lebhafte Wettbewerb in Freiburgs Gastroszene sorgt immer wieder für ausgefallene Ideen – sei es auf der Speisekarte oder bei der Ausstattung einer Lokalität. Zu den Angeboten der etwas anderen Art zählt zum Beispiel die Markthalle am Martinstor, wo der hungrige Gast im Vorbeigehen aus dem Angebot von über 15 Ständen wählen kann, von Fischgerichten über chinesischen Spezialitäten bis hin zu Crêpes und Flammkuchen. Übrigens: Wer ein echter Kenner werden will, beschränkt sich nicht auf die Gastronomie in der Innenstadt. Auch in den Stadtteilen gibt es viel zu entdecken, wie etwa die feine Küche des Hirschen in Lehen oder das Waldrestaurant St. Ottilien. Viele schmackhafte Küchen der Welt sind in Freiburg vertreten. Internationale Restaurants – seien es italienische, spanische, mexikanische, afghanische, japanische, chinesische oder andere – bieten authentische Spezialitäten, oft auf einem hohen Niveau. Auch das gehört zu einer jungen Stadt wie Freiburg: Den Lebenstraum „eigene Kneipe" haben hier viele schon geträumt, viele Experimente werden gestartet. Natürlich wird nicht alles ein Erfolg. Auf jeden Fall ist die Gastroszene hier ständig in Bewegung.

A city of connoisseurs

Anytime you want to grab a bite to eat in Freiburg, you're faced with a problem: what should you choose? The gastronomical variety is enormous. The cuisine of Baden is considered – rightly so – as one of the best regional cuisines in Germany, thanks to the favorable influence of its neighbors in France and Switzerland and of course the region's mild climate, which allows access to quality products. In Freiburg more than many other cities, people tend to be more interested in where the ingredients come from and how they are produced and treated, and restaurants adapt to those concerns.

Those who are interested in typical food from Baden will find what they're looking for in the traditional restaurants, which often have a history dating back several centuries – for example, the Hotel-Restaurant Oberkirch right on the cathedral square, which was founded in 1738. The Große Meyerhof on Grünwälderstraße was stylishly renovated a few years ago and offers small, affordable portions of simple regional cuisine, such as rich potato soup, shoulder of pork with potato salad, and hearty Wurstsalat (a "salad" of cold cuts). Restaurant Dattler on the Schlossberg offers a sophisticated take on the regional cuisine with a dash of Mediterranean. An impressive view of the city is included free of charge, and those who would rather not make the ascent by foot can ride the new funicular up to the Schlossberg.

And then there's the naturally high gastronomic demand of the students in Freiburg, leading to a vast selection of cafés, bars, and bistros, where one can consume more than just drinks. Of course nothing can ever be cheap enough for students, but even on a tight budget, there's more available than just French fries and sausages, although the Freiburg "Rote," a long red bratwurst, does have its fans. The lively competition in Freiburg's culinary scene means interesting concepts are always being tried out, whether on the menu or in the décor of a restaurant. One such out-of-the-ordinary offering is the Markthalle by Martinstor, where hungry guests can walk by and choose something from any of the more than 15 stands, which sell everything from fish to Chinese specialties, crepes, and local dishes like Flammkuchen. By the way, those who really want to become connoisseurs shouldn't limit themselves to the city center – the various districts have much that is waiting to be discovered, such as the fine cuisine at Zum Hirschen in Lehen and the forest restaurant St. Ottilien.

Many delicious cuisines from all over the world are represented in Freiburg. International restaurants – Italian, Spanish, Mexican, Afghan, Japanese, Chinese, and others – offer authentic specialties, often of very high quality. This is in part thanks to Freiburg's being a "young" city – many attempt to make their dream of owning their own establishment come true here. Of course not everyone meets with success, but in any case the culinary scene here is always changing.

Helmut Schmidt, Richard von Weizsäcker, Gerhard Schröder, Jacques Chirac, Gert Fröbe, Peter Alexander, Peter Ustinov, Luis Trenker... Die Liste der prominenten Colombi Gäste aus Deutschland, Europa und Übersee spiegelt ein gutes Stück Zeitgeschichte. Die feinste Hotel-Adresse Freiburgs ist seit Jahrzehnten eine Institution der luxuriösen Gastlichkeit. Präsentiert sich die Fassade aus den 1950er-Jahren auf den ersten Blick eher unscheinbar, so liegen die wahren Werte dieses Fünf-Sterne-Hauses in seinem Inneren. Und das nicht nur bezogen auf das glanzvolle Interieur, das den Gast empfängt, sobald er durch die große Glastür das Foyer betritt. Wo andernorts anonyme Investoren ganze Hotelketten aus der Distanz betreiben, sind hier die engagierte Handschrift und der Stil des Inhabers, Geschäftsführers und Managers in Personalunion deutlich spürbar. Und das im wahrsten Sinne des Wortes: In seinem kleinen Büro verbringt Roland Burtsche die wenigste Zeit. Stets ist er in seinem Haus unterwegs, kümmert sich gleichermaßen um Gäste und seine 170 Mitarbeiter.

Der aus dem Kaiserstuhl stammende Hotelier hat 1978 das Haus gegenüber dem namensgebenden Colombischlössle gekauft. Seitdem hat es Roland Burtsche gemeinsam mit seiner Frau Waltraud mit unermüdlichem Einsatz aus- und umgebaut, erweitert und neu konzeptioniert. Sich auf den Lorbeeren auszuruhen ist Burtsches Sache nicht: Wenn an einem Ende des Hotels alles zur (vorläufigen) Zufriedenheit geregelt ist, wird am anderen Ende schon wieder an neuen Ideen getüftelt. Das Haus nach den Standards modernster Hoteltechnik auszustatten und dabei nobles Ambiente mit Behaglichkeit zu verbinden, gelingt den Burtsches und ihrem Team augenscheinlich besonders gut. Das zeigt zum einen die lange Liste der Auszeichnungen – 1995 zum Beispiel wurde das Colombi Hotel in die Reihen der „Leading Hotels of the World" aufgenommen. Vor allem aber spiegelt es sich in der Zufriedenheit der Gäste, von denen es viele nicht nur bei einem Besuch belassen.

Das Colombi ist nicht nur für Gäste aus allen Herren Ländern ein gern aufgesuchtes Ziel und Reisedomizil – die exzellente Küche hat seit Jahren großen Anteil am ausgezeichneten Ruf des Hauses. Seit 1981 steht sie unter der Leitung von Alfred Klink, der als einer der besten Köche Deutschlands gilt. Regelmäßig schwärmen die Gastrokritiker über seine kreativen Gerichte und deren klassische Raffinesse. Klink erreicht beständig, was nur den ganz großen Könnern gelingt: Selbst anspruchsvollen Feinschmeckern neue Glücksmomente zu verschaffen, ohne sich dabei zu verkünsteln.

Helmut Schmidt, Richard von Weizsäcker, Gerhard Schröder, Jacques Chirac, Gert Fröbe, Peter Alexander, Peter Ustinov, Luis Trenker...the list of prominent Colombi guests from Germany, Europe, and overseas reflects a considerable slice of contemporary history. The prime hotel address in Freiburg has been an institution of luxurious hospitality for decades. Although the façade from the 1950s may seem inconspicuous at first, the real value can be found in the interior of this five-star hotel – and not just in the glamorous décor that greets guests as soon as they step through the large glass door into the foyer. While in other places anonymous investors operate entire hotel chains from a distance, here the hands-on style and the imprint of the all-in-one owner, CEO, and manager are palpable. Indeed, Roland Burtsche spends very little time in his modest office; instead, he's almost always in his hotel, attending to guests and his 170 employees equally.

The hotelier from the Kaiserstuhl area bought the hotel across the street from the eponymous Colombi Castle in 1978. Since then, Roland Burtsche and his wife Waltraud have tirelessly developed and converted, expanded and re-conceptualized the hotel. Burtsche is never tempted to rest on his laurels: as soon as everything at one end of the hotel is completed to his satisfaction (for the time being), he begins trying out new ideas on the other end. The Burtsches and their team are evidently successful in outfitting the building according to the standards of the most up-to-date hotel procedures while still combining class and comfort, as the long list of accolades reveals – in 1995, for example, the Colombi Hotel was added to the ranks of the "Leading Hotels of the World." Most importantly, however, it is reflected in the high satisfaction of the guests, many of whom come back for more than one visit.

The Colombi Hotel is a sought-after destination not only for guests from all over the world looking for a place to sleep; the excellent cuisine has played an important role in the hotel's superior reputation for years. The kitchen has been led by Alfred Klink since 1981, who is considered to be one of the best chefs in Germany. Food critics regularly rave about his creative dishes and their classic sophistication. Klink consistently achieves what only the greatest masters manage: pleasantly surprising even demanding gourmets without overdoing it.

Luxus mit persönlicher Handschrift – Das Colombi Hotel ist Freiburgs exklusivste Adresse zum Übernachten und Essen.

Luxury with a personal touch – Colombi is Freiburg's finest hotel and restaurant.

Heimat edler Tropfen

Wer die Freiburger Innenstadt verlässt, wird nicht lange unterwegs sein, bis er auf die ersten Weinberge trifft. Über 600 Hektar Rebfläche befinden sich noch innerhalb der Stadtgrenzen. In keiner anderen deutschen Großstadt wächst mehr Wein. In der Innenstadt selbst findet man nur noch vereinzelte kleine Flächen. Das war früher anders: Allein am heute weitgehend bewaldeten Schlossberg wuchsen einst auf 17 Hektar Reben. Geblieben sind zwei kleine Flächen an der Südseite des Schlossberges.

Die Weinbaubereiche Tuniberg im Westen sowie das Markgräflerland im Süden treffen sich auf Freiburger Gemarkung. Der Bereich Breisgau schließt sich in nördlicher Richtung an das Markgräflerland an, Trennungslinie ist die Dreisam. Der nordwestlich von Freiburg gelegene, aus Vulkangestein entstandene Kaiserstuhl, der größte Weinbaubereich Badens sowie der Tuniberg werden besonders für ihre kraftvollen Burgunderweine geschätzt. Vor allem der Kaiserstuhl gilt als Hochburg des Grauburgunders, der früher nahezu ausschließlich als Ruländer in einer etwas süßeren und schwereren Variante geradezu eine Kaiserstühler Marke war. Die heutigen Grauburgunder sind noble Essensbegleiter, ganz ausgestorben ist der Ruländer jedoch nicht. Stetig verbessert haben die hiesigen Winzer ihre Rotweine, allen voran den Spätburgunder. Gute badische Tropfen dieser edlen Rotweinsorte brauchen den Vergleich mit internationalen Spitzengewächsen nicht zu scheuen. Burgunderweine findet man auch reichlich im Markgräflerland, das sich entlang des Rheins bis an die Schweizer Grenze erstreckt. Die Markgräfler verweisen aber besonders stolz auf ihre ganz eigene Spezialität: den Gutedel, einen leichten, gut bekömmlichen Weißwein, der hervorragend zu einem deftigen Vesper mit Bauernbrot und Schwarzwälder Schinken passt.

Die Bedeutung Freiburgs als Weinbaumetropole liegt freilich nicht allein in der Lage inmitten von Rebbergen begründet. Mit dem Badischen Weinbauverband beherbergt die Stadt auch die Interessenvertretung der badischen Winzer. Rund 330 Weingüter und 100 Winzergenossenschaften mit insgesamt über 23.000 Einzelmitgliedern von Tauberfranken im Norden bis zum Bodensee im Südosten lassen sich vom Badischen Weinbauverband vertreten und beraten. Kümmert sich der Weinbauverband vor allem um Weinbaupolitk so geht es im Staatlichen Weinbauinstitut, ebenfalls mit Sitz in Freiburg, um die wissenschaftlichen Aspekte in Weinberg und Keller. Das 1920 gegründete Institut zählt deutschlandweit zu den bedeutendsten Versuchs- und Forschungseinrichtungen im Weinbau. Hier züchtet man zum Beispiel neue Rebsorten, die weniger Pflanzenschutzmittel benötigen, testet die modernsten Kellertechniken und kümmert man sich um die amtlichen Qualitätsprüfungen von Wein und Sekt in Baden. In Ihringen am Kaiserstuhl betreibt das Weinbauinstitut ein eigenes Versuchs- und Lehrgut, dessen Weine auch anspruchsvolle Genießer schätzen.

The homeland of fine wine

Once one has left Freiburg's city-center, it doesn't take long to until the first vineyards come into view. There are over 600 hectares of vines within the city limits, putting Freiburg in pole-position for wine growing of all major German cities. In the city center itself only small isolated plots can still be found, but it wasn't always this way. Seventeen hectares of vines once grew on the now largely wooded Schlossberg alone; now only two small plots on the southern side of the mountain remain.

The wine-growing areas of Tuniberg in the west and the Markgräfler region in the south border directly on Freiburg's city limits; the somewhat less well-known area of Breisgau borders onto the Markgräfler region from the north. The Kaiserstuhl to Freiburg's northwest, a range of hills formed from volcanic stone, and the Tuniberg are especially valued for their Pinots. The Kaiserstuhl in particular is considered to be the stronghold of the Pinot gris (Grauburgunder in German) which was once developed from the somewhat sweeter, heavier version known as Ruländer, is practically the trademark of the region. Although the contemporary Pinot gris is certainly a fine accompaniment for food, the Ruländer has not yet completely disappeared. The local winegrowers are constantly improving their red wines, especially the Pinot noir (Spätburgunder in German). A glass of this fine red wine from Baden can certainly hold its own against the top international offerings. There are also plenty of burgundies in the Markgräfler wine country, which runs along the Rhine to the border with Switzerland, but the locals there are especially proud of their own specialty: the chasselas (or "Gutedel"), a light, smooth white wine that is an excellent complement to a hearty platter of dark rye bread and cured Black Forest ham.

Freiburg's significance as a wine-metropolis is not only due to its being surrounded by vineyards; the city is also home to the local wine lobby, the Winegrowers' Association of Baden. The Association represents and advises about 330 vineyards and 100 winegrowers' cooperatives, totaling more than 23,000 individual members from Tauberfranken in the north to Lake Constance in the southeast.

While the Winegrowers' Association mostly concerns itself with organizational affairs, the State Wine-Growing Institute, also based in Freiburg, focuses on the scientific aspects of vineyards and wine cellars. The Institute was founded in 1920 and is considered one of the most important experiment and research facilities for wine in Germany. Among other projects, the researchers here cultivate new grape varieties that require less pesticide, test the most recent cellar technologies, and attend to the official quality inspections of wine and sparkling wine in Baden. In Ihringen in the Kaiserstuhl region, the Institute runs its own research and educational facility, which produces wine that even the most discerning epicureans value.

Rund 600 Hektar Weinberge befinden sich innerhalb der Stadtgrenzen Freiburgs – soviel wie in keiner anderen deutschen Großstadt. In der Innenstadt freilich wächst heutzutage fast kein Wein mehr, lediglich am Schlossberg und am Colombischlössle findet man noch Rebstöcke. Unter Kennern geschätzte Weinanbaugebiete wie der Kaiserstuhl und das Markgräflerland liegen unmittelbar vor den Toren der Stadt. Zudem sind in Freiburg der Badische Weinbauverband und das Staatliche Weinbau-institut zu Hause.
Vorherige Seite: Der historische Weinkeller im Ihringer Versuchs- und Lehrgut Blanken-hornsberg des Weinbauinstitutes Freiburg.

Freiburg's city limits encompass around 600 hectares of vineyard – more than in any other large German city. Of course, nowadays almost no vines can be found in the city center, except on Schlossberg and by the Colombischlössle. Wine-growing areas beloved by connoisseurs, such as Kaiserstuhl and the Markgräfler Region, lie just outside of the city gates. In addition, the Winegrowers' Association of Baden and the State Viticultural Institute have made a home in Freiburg.
Previous page: the historical wine cellar in Blankenhornsberg, the Viticultural Institute's research and educational facility in Ihringen.

Forschen für die Praxis –
Die Fraunhofer-Gesellschaft in Freiburg

Wenn Unternehmen technologisch voran kommen möchten, wenden sie sich oft an die Fraunhofer-Institute. Die Fraunhofer-Gesellschaft ist die größte Organisation für angewandte Forschung in Europa. Und mit fünf von insgesamt 56 Instituten ist Freiburg einer der größten Standorte der Fraunhofer-Gesellschaft in Deutschland. Knapp 1.400 Mitarbeiter, davon zwei Drittel Wissenschaftler und Ingenieure, arbeiten in Freiburg an der Entwicklung neuer Produkte und Verfahren und der Erforschung von Werkstoffen und Bauteilen. Kleinen und großen Industrieunternehmen, aber auch öffentlichen Auftraggebern helfen die Fraunhofer-Institute, neue Märkte zu erschließen, Weltneuheiten anzubieten, Wettbewerbsvorteile zu erzielen oder technologische Engpässe zu überwinden. Weit über 1.000 große und kleine Forschungs- und Entwicklungsprojekte werden jedes Jahr abgeschlossen. Forschen für die Praxis ist dabei die Motivation: die Nutzung von Wissenschaft und Forschung für innovative Produkte und Anwendungen.

In so manchem Alltags-Produkt steckt Fraunhofer-Know-how: Die Freiburger Wissenschaftler arbeiten an den weltweit effizientesten Solarzellen, sind führend bei energieeffizienten Lichtquellen, setzen Maßstäbe bei der Simulation von Werkstoffen und Bauteilen und der Entwicklung moderner Sensoren.

Auch viele der inzwischen allgegenwärtigen Flüssigkristall-Displays werden nach einem Patent aus Freiburg hergestellt. Grundlage für derart innovative Lösungen ist exzellente Wissenschaft. Und die ist in Freiburg zuhause. An der Albert-Ludwigs-Universität sind einige Fraunhofer-Forscher als Professoren tätig. Mit Peter Gumbsch und Hermann Riedel beschäftigt Fraunhofer in Freiburg gleich zwei Träger des Gottfried Wilhelm Leibniz-Preises, dem höchstdotierten Forschungspreis in Deutschland.

Ausbildung wird in Freiburgs Fraunhofer-Instituten groß geschrieben. Jährlich werden hier mehr als ein Dutzend Doktorarbeiten und noch viel mehr Diplomarbeiten und Praktikumsarbeiten geschrieben. Ein Teil der Absolventen wechselt anschließend in andere Industrieunternehmen. Damit tragen die Institute auch mit diesem „Transfer durch Köpfe" zum Erhalt der globalen Wettbewerbsfähigkeit von Unternehmen bei.

In Freiburg leben und arbeiten zu können macht die Menschen bei Fraunhofer schon ein bisschen stolz. Das südliche Flair der Stadt ist ein idealer Rahmen für Inspiration und Innovation. So mancher Geschäftspartner schätzt bei den Projektbesprechungen in den Fraunhofer-Instituten nicht nur die wissenschaftliche Kompetenz, sondern auch das landschaftliche und kulturelle Umfeld.

Practical research –
the Fraunhofer Society in Freiburg

When companies want to progress technologically, they often turn to the Fraunhofer Institutes. The Fraunhofer Society is the largest organization for applied research in Europe – and with five of the 56 total Institutes, Freiburg is one of the largest centers of the Fraunhofer Society in Germany. Just under 1,400 employees in Freiburg, two-thirds of whom are scientists and engineers, work on developing new products and processes and researching materials and components. The Fraunhofer Institutes help small and large industrial concerns as well as contracting authorities develop new markets, offer brand new products, achieve competitive advantages, and overcome technological shortfalls. Well over 1,000 small and large research and development projects are completed every year. The motivation for these projects is practical research: the use of science and research for innovative products and implementations.

Fraunhofer expertise can be found in many an everyday product: the scientists in Freiburg are working on the most efficient solar cells in the world, leading the field of energy-efficient light sources, and setting standards for the simulation of materials and elements and the development of modern sensors.

In addition, many of the by now ubiquitous liquid crystal displays are produced based on a patent from Freiburg. The foundation for such innovative solutions is excellent scholarship, which feels perfectly at home in Freiburg. Some of the Fraunhofer researchers are also professors at the Albert-Ludwigs-Universität, and with Peter Gumbsch and Hermann Riedel, the Fraunhofer Society in Freiburg can boast two laureates of the Gottfried Wilhelm Leibniz Prize, the research award worth the most money in Germany.

Education is a top priority in Freiburg's Fraunhofer Institutes. Every year more than a dozen doctoral dissertations and many more master's theses and internship reports are written here. A portion of the alumni then go on to work at other industrial enterprises. With this "intellectual transfer," the Institutes also contribute to the preservation of companies' global competitiveness.

The people of Fraunhofer are certainly rather proud of being able to live and work in Freiburg. The "Mediterranean" flair of the city provides an ideal setting for inspiration and innovation. When participating in project meetings in the Fraunhofer Institutes, many business partners appreciate not only the scientific expertise, but also the scenic and cultural surroundings.

H. Lautenschlager, Proc. Engineer

B. Ortiz, Rural Electrification

M. Scheer, Proc. Specialist

R. Bergander, Proc. Engineer

A. Rastelli, Prototyping

Das Fraunhofer-ISE ist mit über 700 Mitarbeitern das größte europäische Solarforschungsinstitut. Mit den Schwerpunkten Photovoltaik, energieeffiziente Gebäude und Wasserstofftechnologie betreibt das Institut Forschung und Entwicklung für eine umweltfreundliche und effiziente Energieversorgung. Die Fotos zeigen die Messung einer Silicium-Solarzelle unter einem Sonnensimulator, einen Serviceroboter mit einer am Fraunhofer ISE entwickelten Brennstoffzelle als Antriebsquelle und das innenarchitektonisch reizvolle Schattenspiel einer Photovoltaik-Anlage auf dem Shed-Dach des Instituts.

With over 700 employees, the Fraunhofer Institute for Solar Energy Systems ISE is the largest solar energy research institute in Europe. The Institute conducts research on the technology needed to supply energy efficiently and on an environmentally sound basis. It focuses on photovoltaics, energy efficient buildings, and hydrogen technology. The photographs show a silicon solar cell being measured under a solar simulator, a service robot powered by a fuel cell developed at Fraunhofer ISE, and the fascinating shadow play in the entrance hall at the Institute put on by photovoltaic modules integrated in the sawtooth roof.

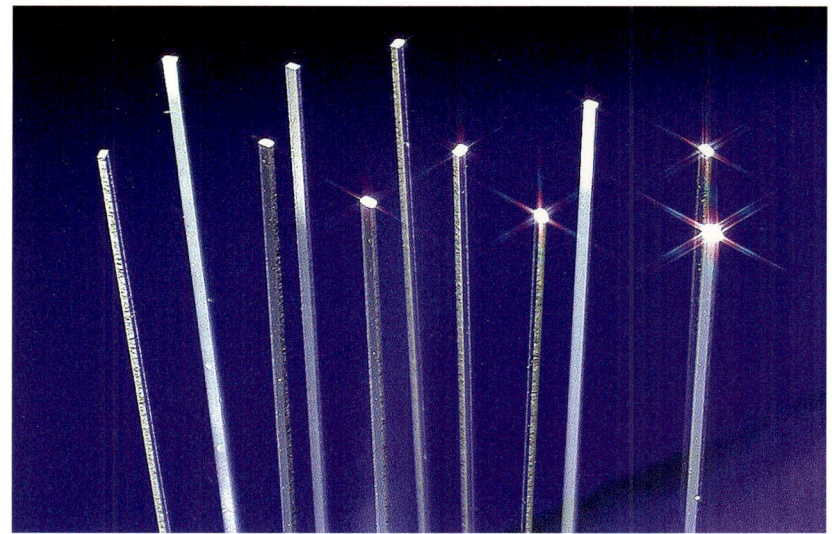

J. Kühn, Ph. D. student

Das Fraunhofer-Institut für Angewandte Festkörperphysik IAF wurde 1957 als Institut für Elektrowerkstoffe gegründet und blickt damit auf eine über 50-jährige Tradition zurück. Heute ist das IAF eine führende Forschungseinrichtung auf dem Gebiet mikro- und nanostrukturierter Verbindungshalbleiter und Diamant, mit Anwendungen in der Mikro- und Optoelektronik sowie der Sensorik. Es leistet gesellschaftlich relevante Beiträge zum Schutz der Umwelt, Sicherheit von Leben und Lebensqualität, Schonung der Energieressourcen, Schaffung von Arbeitsplätzen und Services für die Kommunikationsgesellschaft.

R. E. Makon, Ph. D., elec. engineering

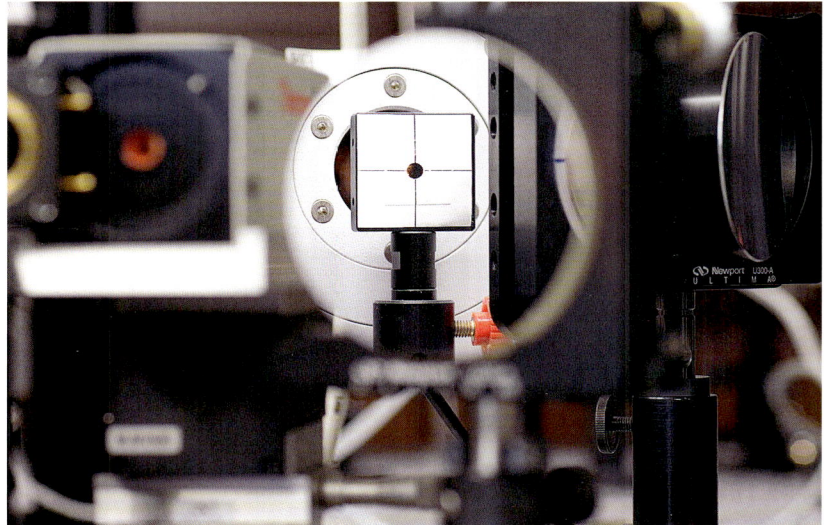

The Fraunhofer Institute for Applied Solid-State Physics IAF relies on a tradition of over 50 years, having been founded in 1957 as the Institute of Electromaterials. Today the IAF is a leading research facility in the field of micro- and nanostructured compound semiconductors and diamond, with applications in micro- and opto-electronics and sensor technology. It makes substantial contributions to the protection of the environment, the safety and quality of life, the conservation of energy resources, job creation, and services for the communications industry.

K. Schäuble, tech. assistant

I. Kallfass, Ph. D., elec. engineering

N. Geldmacher, tech. assistant

B. Bindnagel, PR Manager

W. Riedel, Scientist

O. Grether, Administration

B. Soergel, Assistant

R. Kürten, Technician

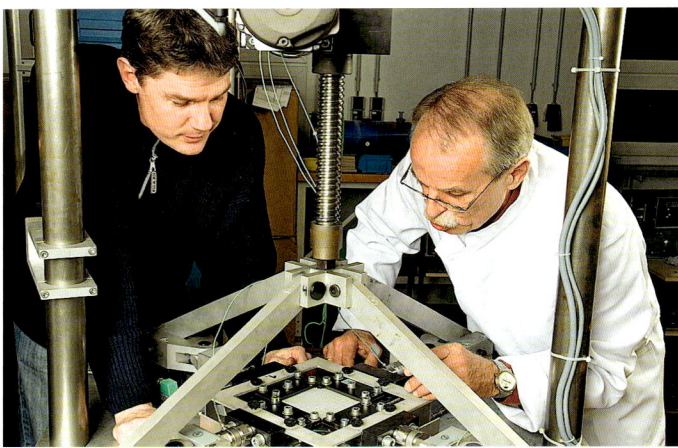

J. Fritsch, PhD student

J. Hauber, Technician

K. Lin, Technician

H. Zettl, Precision Mechar

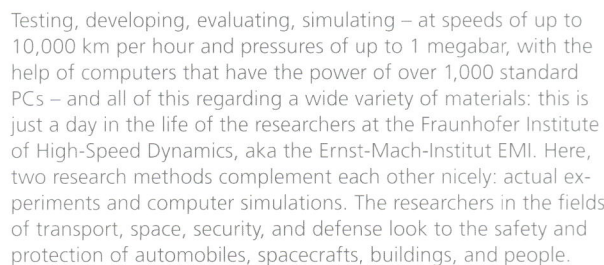

S. Hiermaier, Deputy Direc

Prüfen, Entwickeln, Bewerten, Simulieren – bei Geschwindigkeiten bis zu 10.000 km pro Stunde, Drücken bis zu 1 Megabar und mit Hilfe von Rechenanlagen mit einer Leistung, die der von weit über 1.000 Standard PCs entspricht, das alles an unterschiedlichsten Werkstoffen: Dies ist der Forschungsalltag am Fraunhofer-Institut für Kurzzeitdynamik, Ernst-Mach-Institut EMI. Durch Versuche an realen Anlagen und der Simulation am Computer ergänzen sich hier zwei wichtige Wege der Forschung. In den Bereichen Verkehr, Raumfahrt, Sicherheit und Verteidigung arbeitet man an der Sicherheit von Automobilen und Raumfahrzeugen, dem Schutz von Gebäuden und Personen.

Testing, developing, evaluating, simulating – at speeds of up to 10,000 km per hour and pressures of up to 1 megabar, with the help of computers that have the power of over 1,000 standard PCs – and all of this regarding a wide variety of materials: this is just a day in the life of the researchers at the Fraunhofer Institute of High-Speed Dynamics, aka the Ernst-Mach-Institut EMI. Here, two research methods complement each other nicely: actual experiments and computer simulations. The researchers in the fields of transport, space, security, and defense look to the safety and protection of automobiles, spacecrafts, buildings, and people.

Überall dort, wo Werkstoffe oder Bauteile während der Herstellung oder im Einsatz besonderen Belastungen ausgesetzt sind, ist Werkstoffmechanik gefragt. Das Fraunhofer-Institut für Werkstoffmechanik IWM erarbeitet Lösungen, die die Sicherheit, Zuverlässigkeit, Lebensdauer und Funktionalität von technischen Bauteilen und Systemen verbessern. Zum Beispiel bei der Herstellung von Mikrooptiken aus Glas. Das Glas wird mit speziell beschichteten Formwerkzeugen bei hohen Temperaturen mikrometergenau geprägt.
Oben: Beschichtungsanlage. Mitte: Beschichtete Formwerkzeuge.
Unten: Heißprägen von Mikrostrukturen in Glas.

Mechanics of materials is needed wherever materials or components are subjected to exceptional loads during production or use. The Fraunhofer Institute of Mechanics of Materials IWM develops solutions to improve the safety, reliability, lifespan, and functionality of technical components and systems. One example is the production of micro-optics made of glass. The glass is formed with micrometer precision at high temperatures using coated molding tools.
Top: Coating unit. Middle: Coated molding tools. Bottom: Microstructures in glass formed by hot embossing.

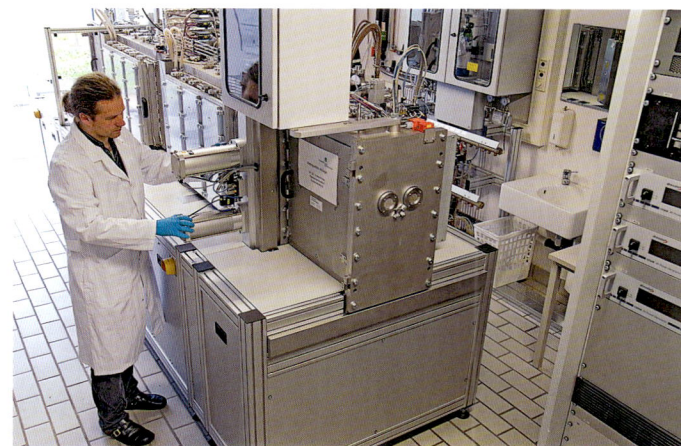

M. Moseler, Physicist

M. Münch, Human Resources

C. Koplin, Physicist

E. Hellstab, Public Relations

T. Seifert, Engineer

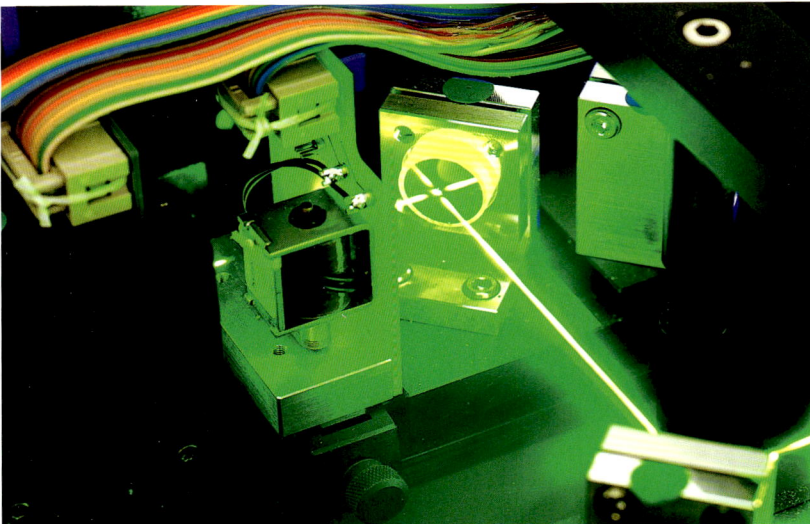

Das Fraunhofer-Institut für Physikalische Messtechnik IPM entwickelt optische Sensoren für die Gas- und Flüssigkeitsanalyse, die Bioanalytik, zur Abstandsmessung und zur Kontrolle von Produkten und Prozessen. In der Laserbelichtung hat sich das Institut weltweit einen Namen gemacht: Die Wissenschaftler belichten kulturhistorisch bedeutende Zeichnungen aus der Herzogin Anna Amalia Bibliothek auf Farbmikrofilmen, die zur Langzeitarchivierung in Oberried, im zentralen Bergungsstollen Deutschlands, eingelagert werden. Für ihren Kinofilmbelichter erhielten die Forscher 2002 einen „Technik-Oscar".

The Fraunhofer Institute for Physical Measurement Techniques IPM develops optical sensors for analyzing gas and liquids, bioanalysis, measuring distances, inspecting products and monitoring processes. The institute has made a name for itself around the world in the field of laser light exposure: the scientists expose culturally and historically important drawings from the Herzogin Anna Amalia Library onto color microfilm so they can be archived in Germany's central storage facility in Oberried. The researchers were awarded a "Technology Oscar" in 2002 for their film recorder.

U. Klocke, Software Engineer

H. Wolf, Electronic Engineer

N. Henze, Secretary

N. Saum, Software Developer

S. Adolph, Mechanical Engineer

J. Anders, Optomech. Eng

Grüne Oasen

Wer durch die überschaubare Innenstadt spaziert, wird wohl kaum daran denken: In Freiburg lassen sich gut 1.000 Höhenmeter überwinden, ohne dass man das Stadtgebiet verlassen muss. Vom mit 196 Metern über dem Meeresspiegel tiefsten Punkt im Stadtteil Waltershofen bis zum 1.284 Meter hohen Freiburger Hausberg, dem Schauinsland, erstrecken sich mehrere Klima- und Vegetationszonen, die die Stadtlandschaft nicht nur ausgesprochen grün, sondern auch überaus vielseitig machen.

Das belegt auch die Statistik: Von der Gesamtfläche Freiburgs, rund 15.300 Hektar, ist mit 4.800 Hektar nicht einmal ein Drittel bebaut. Allein der Stadtwald, einer der größten Kommunalwälder Deutschlands, ist mit 5.000 Hektar ausgedehnter als die gesamte Siedlungs- und Verkehrsfläche. Im Stadtwald steht übrigens auch Deutschlands höchster Baum: eine 63 Meter hohe Douglasie. Da nimmt es kaum Wunder, dass in Freiburg national und international angesehene Waldexperten zu finden sind – sowohl an der Universität als auch an der Forstlichen Versuchs- und Forschungsanstalt des Landes Baden-Württemberg, die ebenfalls in Freiburg ihr Zuhause hat.

Besser noch als durch nackte Zahlen lässt sich die Vielfalt von Freiburgs Natur aber bei einem Besuch entdecken – am besten womöglich im Frühjahr: Während im Rheintal schon das junge Grün sprießt, glitzert auf den Schwarzwaldgipfeln noch der Schnee. Oder im Herbst, wenn droben auf dem Schauinsland schon ein frisches Lüftchen weht, während sich vor dem Betrachter Wälder und Weinberge in warmen Farben ausbreiten.

Zum grünen Freiburg gehören aber auch die zahlreichen Parks und Grünanlagen, die noch vergleichsweise jung sind. Erst im 19. Jahrhundert, als Freiburg einen bemerkenswerten Wachstumsschub durchlebte, wuchs das Bedürfnis nach grünen Oasen in der Stadt. Zu den Ältesten zählen der Stadtgarten und der Colombipark. Die weitläufigste Anlage, der 35 Hektar große Seepark, entstand im Zuge der Landesgartenschau 1986. So wie dort findet man in Freiburg an vielen Orten Grün kombiniert mit Wasser, etwa am Moosweiher im Nordwesten oder am Waldsee im Osten. Und natürlich an der Dreisam. Zwar wurde der nur knapp 30 Kilometer lange Fluss im 19. Jahrhundert aufgrund der Hochwassergefahr in ein künstliches Bett gezwungen, was ihm viel von seinem ursprünglichen Charme genommen haben dürfte. Dennoch ist das Ufer der Dreisam Freiburgs wohl beliebteste Jogging-Strecke und längste Liegewiese.

Green oases

While strolling through the manageable city center, few will realize that you can cover altitude differences of up to 1,000 meters without even having to leave the city limits. From the city's lowest point in the district of Waltershofen at 196 meters above sea level to the 1,284-meter high Schauinsland, Freiburg's landmark mountain, a number of climate and vegetation zones can be found, making the city's landscape not only notably green, but also remarkably varied.

This is supported by the statistics: of the total area of 15,300 hectares belonging to Freiburg, not even a third – 4,800 hectares – is developed. The City Forest alone, one of the largest municipal forests in Germany, covers 5,000 hectares and is therefore more extensive than the entire area taken up by settlements and transportation. Incidentally, the City Forest also boasts Germany's tallest tree, a 63-meter high Douglas fir. It is therefore no wonder that nationally and internationally distinguished forest experts can be found in Freiburg – at both the University and the Baden-Württemberg Institute for Forest Experimentation and Research.

In order to really discover the variety of Freiburg's nature, however, a visit is much better than bare figures – especially in the spring, if possible, when green is already sprouting in the Rhine Valley while snow is still glittering on the peaks of the Black Forest. Or in the fall, when a fresh breeze is already wafting over the Schauinsland, from which forests and vineyards, dressed in warm colors, spread out before the observer.

Green Freiburg would not be complete without its numerous parks and green spaces, which are still comparatively young. The need for green oases in the city first arose in the 19th century, when Freiburg experienced a remarkable growth spurt. Some of the oldest are the Stadtgarten and the Colombi Park. The most expansive park, the 35-hectare Seepark, was developed in the course of the Regional Garden Show in 1986. As at the Seepark, one can find green combined with water in many places around Freiburg, for example Moosweiher in the northwest and Waldsee in the east – and of course the Dreisam. Admittedly, the just under 30-kilometer long river was forced into a man-made riverbed in the 19th century because of the danger of flooding, which may well have lessened its original charm; nevertheless, the bank of the Dreisam is arguably the most well loved jogging path and the longest sunbathing area in Freiburg.

Entspannen an der Dreisam
Relaxing along the Dreisam

Grün und bunt, klein und groß, mit und ohne Wasser: Freiburg hat eine reiche Auswahl an grünen Oasen. Ein besonderes Kleinod ist der Botanische Garten in Herdern, der der Universität als Forschungs- und Lehrgarten dient – aber auch ganz ohne akademische Absichten besucht werden kann.

Green or colorful, small or large, with or without water: Freiburg has a large variety of green oases. The Botanical Gardens in Herdern are a particular treasure – they serve the university as research and educational gardens, but can of course also be visited for non-academic purposes.

Der Mundenhof

Mit 38 Hektar ist der Mundenhof im Westen von Freiburg eines der größten Tiergehege in Baden-Württemberg. Das angenehme Gefühl von Weitläufigkeit, das den Besucher hier empfängt, ist nicht nur auf die Quadratmeterzahl zurückzuführen. Weil der Schwerpunkt des Mundenhofs auf der Haltung von Haus- und Nutztierrassen aus aller Welt liegt und nicht auf exotischen Tieren, hat man nie das beklemmende Gefühl, das einen sonst beim Besuch von Zoos manchmal beschleicht. Eher hat man den Eindruck über eine sehr großzügige und zudem bestens gepflegte Ranch zu spazieren.

Tatsächlich entstand das Mundenhof-Tiergehege 1968 auf dem Gelände eines der größten landwirtschaftlichen Anwesen in Südwestdeutschland. Und auf 180 Hektar wird bis heute ökologische Landwirtschaft betrieben. Großen Wert legt man auf dem Mundenhof darauf, Natur und Landwirtschaft Kindern näher zu bringen. So entstand 1991 das naturpädagogische Projekt KonTiKi (Kontakt-Tier-Kind), das dem Nachwuchs einen direkten Zugang zu Tieren ermöglicht. Übrigens ist der Mundenhof auch einfach als grüne Oase inmitten einer wunderbaren Landschaft überaus reizvoll. Ein ganz besonderes Plätzchen zum Entspannen ist der 2001 angelegte Bambusgarten.

Mundenhof

With 38 hectares, the Mundenhof in western Freiburg is one of the biggest zoological gardens in Baden-Württemberg. The pleasant sense of expansiveness that greets visitors here is due to not only the physical size: because the Mundenhof emphasizes the care of domestic and farm animal breeds from all over the world rather than exotic animals, visitors never experience the oppressive feeling they might at other zoos. Instead, they feel as though they're taking a walk around a very extensive and well-kept ranch.

The Mundenhof Zoo was, in fact, established in 1968 on the grounds of one of the largest agricultural properties in southwestern Germany, where 180 hectares are still used for ecological agriculture. The Mundenhof sets a high value on making nature and agriculture more accessible for children and in 1991 began the nature education project KonTiKi (Contact-Animal-Child), which gives children direct access to animals. The Mundenhof is also quite charming simply as a green oasis surrounded by a wonderful landscape. The bamboo garden, added in 2001, is an especially good spot for relaxing.

Die Kraft der Sonne nutzen

Rolf Disch ist Architekt. Die Gebäude, die er konstruiert, sind einzigartig: Denn sie verbrauchen keine Energie – sie produzieren welche. Plusenergiehäuser hat der Freiburger Architekt sie darum folgerichtig genannt. „In 10, 15 Jahren werden solche Häuser Standard sein", ist Rolf Disch überzeugt. Der Stromüberschuss wird derzeit ins Netz eingespeist, doch Dischs Visionen gehen noch weiter: Die Plusenergiehäuser könnten zum Beispiel zu Tankstellen für elektrobetriebene Fahrzeuge werden.

Immer einen Schritt weiter denken – das ist typisch für den Solarpionier Disch. Licht als herausragendes Element in die Planung von Gebäuden miteinzubeziehen hat den 1944 geborenen Freiburger schon während seines Studiums fasziniert. Als einer der Ersten beschäftigte er sich mit dem Einsatz von Solarenergie zur Wärmegewinnung (Solarthermie) und Stromerzeugung (Photovoltaik). Unschätzbare Erfahrungen sammelte der Tüftler mit der Konstruktion von solarbetriebenen Fahrzeugen. Er gewann mehrere internationale Rennen, 1987 zum Beispiel die „Tour de Sol" Solarrallye quer die Schweiz.

Bereits 1969 gründete Disch sein Architekturbüro – das heutige „Büro für Solararchitektur" – das zur Zeit zehn Mitarbeiter beschäftigt. Untergebracht ist das Büro im „Sonnenschiff", einem Dienstleistungszentrum im Stadtteil Vauban – dem Ersten weltweit, das in der Plus-energie-Bauweise entstanden ist. Vom „Sonnenschiff" blickt man auf die Solarsiedlung. Rund 50 Plusenergie-Wohnhäuser hat Disch hier errichten lassen. Mittlerweile ist die Siedlung zum gefragten Ziel von Solar-Touristen aus aller Welt geworden. Ebenso wie das Heliotrop, sozusagen Dischs Experimentallabor. In dem ungewöhnlichen Gebäude, das sich nach dem Stand der Sonne drehen lässt, hat der Architekt seine Ideen zum Plusenergie-Standard erstmals ausprobiert.

So erstaunlich das alles klingt – in Freiburg ist Disch kein Einzelfall. Die erfolgreiche Protestbewegung gegen das geplante Kernkraftwerk Wyhl am Kaiserstuhl in den 1970er-Jahren, eine Experimenten gegenüber aufgeschlossene Stadtpolitik, das Potenzial einer Universitätsstadt, die sonnenverwöhnte Lage und sicher auch ein gutes Quäntchen Glück haben dazu geführt, dass sich in der Südwest-Ecke Deutschlands viele kluge Köpfe daran gemacht haben, über die zukünftige Energieversorgung nachzudenken. Eine faszinierende Dynamik hat sich in den vergangenen rund 25 Jahren vor allem im Bereich der Solarenergie entwickelt. Forschungseinrichtungen, Beratungs- und Planungsunternehmen sowie Hersteller und Händler von Solartechnik haben sich in der Solarregion Freiburg niedergelassen, pflegen einen fruchtbaren Austausch und setzen weiter auf Wachstum. Denn auch wenn Unternehmen wie die 1996 von Georg Salvamoser gegründete Solarfabrik ihren Umsatz teilweise innerhalb eines Jahres verdoppeln konnten: Die Zukunft der erneuerbaren Energien hat gerade erst begonnen.

Using the sun's power

Rolf Disch is an architect. The buildings he designs are unique in that they don't consume energy – they produce it. The Freiburg architect therefore logically calls them plus-energy houses. Rolf Disch is convinced that "houses like these will be standard in ten, fifteen years." At this point, the energy surplus is fed into the power grid, but Disch's vision goes further: plus-energy houses could, for example, become "gas" stations for electric-powered vehicles.

Always thinking one step ahead – that's typical for the solar pioneer Disch, who was born in Freiburg in 1944. Even during his studies, he was fascinated by the possibilities of incorporating light as a prominent element in the planning of buildings. He was one of the first to look into using solar energy to produce heat (solar thermal energy) and electricity (photovoltaics). The tinkerer gathered invaluable experience while constructing solar-powered vehicles. He has won multiple international races, for example the 1987 "Tour de Sol" solar rally across Switzerland.

By 1969, Disch had already founded his architecture firm, which is now known as the "Büro für Solararchitektur (Office of Solar Architecture)" and employs ten staff members. The office is located in the "Sonnenschiff (Solar Ship)" – a service-sector complex in the district of Vauban and the first in the world to be developed in the plus-energy style. The "Sonnenschiff" provides a view of the "solar settlement," where Disch has erected about 50 plus-energy residential buildings. The settlement has now become a popular destination for solar tourists from around the world, as has the Heliotrop, Disch's experimental laboratory, as it were. It was in this building, which turns itself with the sun, that the architect first tried out his ideas for the plus-energy standard.

As amazing as this all sounds, Disch is not an isolated case in Freiburg. The successful protest movement against the planned nuclear power plant in Wyhl in the Kaiserstuhl area in the 1970s, a city government that is open to experiments, the potential of a university town, the sunny location, and certainly a bit of luck have all led many bright minds to gather in the southwestern corner of Germany to deliberate on future energy solutions. A fascinating dynamic has especially developed in the field of solar energy in the last 25 years or so. Research facilities, consulting and planning companies, and manufacturers and retailers of solar technology have located to the solar region of Freiburg, where they maintain a fruitful exchange and look forward to more growth. After all, even though companies like Solarfabrik, founded by Georg Salvamoser in 1996, have at times been able to double their revenue within a year's time, the future of renewable energy sources has just begun.

Solarhaus, das sich mit der Sonne dreht – das Heliotrop
A solar house that turns with the sun – the Heliotrop

Für die Solarsiedlung am Schlierberg interessieren sich Gäste aus aller Welt.
Unten rechts und rechte Seite: Das „Sonnenschiff" ist ein Dienstleistungszentrum,
das mittels Solartechnik mehr Energie erwirtschaftet als es verbraucht.

Visitors from around the world come to see the solar neighborhood on Schlierberg.
Below right and right page: the "Solar Ship" is a service center that generates more
energy than it uses, thanks to solar technology.

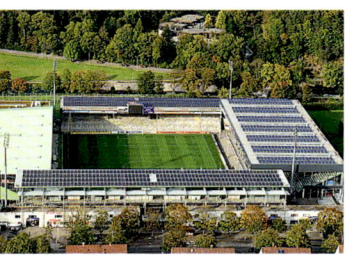

Die Südfassade der Solar-Fabrik AG: Was außen zu sehen ist,
wird innen produziert.
Die Sonnenkraftwerke auf dem Dach des badenova Stadions
erzeugen rund 146.000 Kilowattstunden pro Jahr.

The southern facade of Solar-Fabrik AG: what can be seen on
the outside is produced on the inside.
The solar panels on the roof of the badenova stadium generate
about 146,000 kilowatt hours per year.

Solar Tower am Hauptbahnhof
Der Solarturm der Richard-Fehrenbach- und Walther-Rathenau-
Gewerbeschulen ist Kraftwerk, Solartankstelle, Forschungsstation
und Demonstrationsanlage in einem.

Solar Tower at the central train station
The Solar Tower of the Richard Fehrenbach and Walter Rathenau
Vocational Schools is a plant, a solar filling station, a research station,
and a demonstration facility.

Kultur in Freiburg

In Freiburg ist Kultur eine Herzensangelegenheit. Das zeigt sich nicht nur an einem großen und vielfältigen Angebot sondern auch daran, dass kulturelle Themen häufig Gegenstand leidenschaftlicher Debatten sind. Das Freiburger Publikum ist anspruchsvoll und neugierig und dabei in den Erwartungen so breit gefächert, dass der Versuch, es allen Recht zu machen der Quadratur des Kreises gleichkommt. Immerhin, man kann der Kulturszene in der Stadt zugutehalten, dass sie das Unmögliche versucht – und das angesichts begrenzter finanzieller Mittel. Die Diskussionen über die Verteilung der Kulturgelder haben freilich auch ihr Gutes: Stets werden neue Ideen ausprobiert, wie sich die Angebote noch attraktiver gestalten lassen. Ein Beispiel dafür sind die Aktionen der städtischen Bühnen, das Theater der Bevölkerung – im wahrsten Sinne des Wortes – näher zu bringen: Mit einem eigens konstruierten Kulturraum namens Orbit, der entfernt an einen Bauwagen erinnerte, waren Theaterleute in der Stadt und im Umland unterwegs. Daneben profiliert sich das Freiburger Theater als ein klassisches Dreispartenhaus mit Schauspiel, Oper und Tanz mit einem ehrgeizigen Programm. Die jüngste Herausforderung ist die Inszenierung des gesamten „Rings" von Richard Wagner in den kommenden Jahren. Die ersten Aufführungen des Zyklus' haben aufhorchen lassen. Schon war bei Kritikern vom „Bayreuth an der Dreisam" die Rede.

Dabei stehen die städtischen Bühnen keineswegs allein in der Freiburger Theaterlandschaft. Das Wallgrabentheater, vor über 50 Jahren gegründet, ist eines der ältesten Privattheater in Deutschland, das vor allem im Sommer mit seinen Rathaushofspielen von sich reden macht. Etliche Theater haben sich spezialisiert – auf ein spezielles Repertoire, von klassisch über volkstümlich bis hin zu experimentell, oder auf eine besondere Zielgruppe. Gerade für junge Theaterfreunde ist Freiburg geradezu ein Paradies. Das Theater im Marienbad zum Beispiel genießt einen hervorragenden Ruf mit seinen liebevoll erarbeiteten Inszenierungen, die nicht nur Kinder und Jugendliche faszinieren. Theater ist auch ein wichtiges Standbein des Freiburger E-Werks, aber nicht das Einzige. Das E-Werk könnte man als das alternative Mehrspartenhaus Freiburgs bezeichnen. Tanz, Theater, Musik und Bildende Kunst stehen auf dem ausgesprochen bunten Programm des Hauses, das rund 30 Künstlern Ateliers und einer Schauspiel-, einer Tanzschule und einem Musiktheater eine Heimat bietet.

Stichwort Musik: Von historisch bis zeitgenössisch spielt sie in Freiburg eine herausragende Rolle. Mit dem Philharmonischen Orchester der Stadt, dem Hausorchester des Theaters, und dem SWR-Rundfunksinfonieorchester Baden-Baden und Freiburg gibt es zwei profilierte Klangkörper, die ein breites Spektrum der klassischen Musik bis hin zur Avantgarde abdecken. Ganz besondere Spezialisten für Neue Musik sind die neun Mitglieder von ensemble recherche, die sich mit ihrem Repertoire vom ausgehenden 19. Jahrhundert bis zu

Culture in Freiburg

In Freiburg, culture is a matter close to the heart for many. This becomes obvious when one considers not just the numerous and broad range of events on offer, but also the frequent passionate debates on cultural topics. The Freiburg public is demanding, inquisitive and at the same time so diverse in its expectations that attempting to please everyone might as well be impossible. To the credit of the city's cultural scene, it nevertheless attempts the impossible – even in the face of limited financial means. The discussions about the allocation of funds earmarked for cultural activities have admittedly done much good: new ideas are continually tried out to make the offerings even more appealing.

One example is the campaign led by the public theaters hoping to literally bring theatre closer to the public: theatre people traveled around the city and the surrounding area with a self-constructed "culture space" called Orbit, which vaguely resembled a construction site trailer. At the same time, the Freiburg Theater distinguishes itself as a theater that covers all three classic arts, with an ambitious program of drama, opera, and dance. Its current challenge is performing the entirety of Richard Wagner's *The Ring of the Nibelung* over the next few years. The first performances of the cycle created a fair amount of buzz – the critics have already begun using the appellation "the Bayreuth on the Dreisam."

The public theaters are, of course, not the only ones in Freiburg's cultural program. The Wallgraben Theater, founded over 50 years ago, is one of the oldest private theaters in Germany and is especially known for its performances in the courtyard of the city hall every summer. Numerous theaters have specialized themselves for a particular repertoire – from classical to folkloric to experimental – or a specific audience. Freiburg is a virtual paradise especially for young theatre fans. The Theater in the Marienbad, for example, enjoys an excellent reputation thanks to its lovingly presented productions that fascinate more than just children and youth. The E-Werk in Freiburg also includes theatre as an important pillar, but not its only one. The E-Werk could be described as the alternative multi-functional arthouse in Freiburg. The colorful program includes dance, theatre, music, and visual arts, and the building provides space for studios for about 30 artists and an acting school, a dance school, and a musical theater.

Music, from historic to contemporary, plays an enormous role in Freiburg. With the Philharmonic Orchestra – the theater's house orchestra – and the Southwest German Radio Symphony Orchestra Baden-Baden and Freiburg, the city has two distinguished ensembles that cover a broad spectrum of classical music up through avantgarde. The nine members of the ensemble recherche are specialists in 20th-century classical music and have earned themselves international renown with their repertoire covering the close of the 19th century through contemporary musical experiments. With over

Musik-Experimenten der Gegenwart Weltruf erspielt haben. Über 50 CD-Einspielungen und rund 450 Uraufführungen seit der Gründung 1985 zeugen von der großen Bandbreite des Ensembles. Was künstlerische Qualität und internationalen Ruf angeht, ist das Freiburger Barockorchester auf dem Gebiet der historischen Musik sozusagen das Pendant zum ensemble recherche – zwischen beiden Orchestern gibt es übrigens enge Kontakte. 1987 gegründet, wurde das Freiburger Barockorchester in den vergangenen Jahren mit nationalen und internationalen Preisen geradezu überhäuft. Längst hat sich das Repertoire über die namensgebende Barockzeit ausgedehnt, Frische und Virtuosität bleibt Markenzeichen aller Aufführungen der Freiburger Musiker.

2007 konnte eine weitere Größe des Freiburger Kulturlebens den 20. Geburtstag feiern: das Jazzhaus, vom renommierten Jazzkritiker Joachim E. Berendt als „einer der schönsten Jazzkeller der Welt" bezeichnet. Größen wie Miles Davis und Art Blakey haben hier gespielt. Inzwischen hat sich das Programm auch der Rock- und Popmusik geöffnet. Orte, an denen Jazz, Blues, Rock, Pop, Hip-Hop und dergleichen mehr zu hören sind, gibt es in Freiburg einige. Stellvertretend seien hier die Musik-Bar „Swamp" und die Waldsee-Gaststätte genannt, die neben feiner Musik auch eine ansprechende Umgebung im Grünen zu bieten hat. Für Liebhaber musikalischer Subkultur lohnt sich ein Blick in den „Walfisch". Und mit der Rothaus-Arena auf dem Messe-Gelände hat Freiburg inzwischen auch eine moderne Konzerthalle für Stars, die viele Tausend Fans anlocken.

Große Namen und der eine oder andere Geheimtipp sind auch auf dem Zeltmusikfestival (ZMF) zu hören, das jeden Sommer in unmittelbarer Nachbarschaft zum Mundenhof stattfindet. Neben Klassik, Jazz, Rock und Pop wird in den Zelten auch Varieté und ein Programm für Kinder geboten. Neben dem ZMF sorgen ein Jazz-Festival, ein internationales Filmfest im Kommunalen Kino, ein renommiertes Tanz-Festival, der Münstersommer mit einer Vielzahl unterschiedlicher Veranstaltungen und noch mancherlei mehr für einen prall gefüllten Kultur-Kalender an der Dreisam.

50 CD recordings and about 450 world premieres since the group was founded in 1985, the ensemble clearly embraces a broad spectrum. In terms of artistic quality and international reputation, the Freiburg Baroque Orchestra could be considered the historical-music counterpart to the ensemble recherche – indeed, the two orchestras keep in close contact. The Freiburg Baroque Orchestra was founded in 1987 and has since then been practically overwhelmed with national and international awards. For some time now, its repertoire has expanded beyond the Baroque period referred to in the orchestra's name; freshness and virtuosity are, as always, the hallmarks of any performance by these musicians.

In 2007, another major player in Freiburg's cultural scene celebrated its 20th birthday: the Jazzhaus, described by the renowned jazz critic Joachim E. Berendt as "one of the most beautiful basement jazz venues in the world." Jazz greats like Miles Davis and Art Blakey have performed here, but the club has also opened itself to rock and pop musicians. Jazz, blues, rock, pop, hip-hop, and more can be heard in several venues around Freiburg, for example the music bar Swamp and the Waldsee Restaurant, which besides great music also offers a pleasant verdant setting. Fans of the musical subculture should stop in the Walfisch, and with the Rothaus Arena on the grounds of the exposition center, Freiburg now also has a modern concert hall for stars that attract thousands of fans.

Big names and a few well-kept secrets can also be heard at the Tent-Music-Festival (Zeltmusikfestival, or ZMF), which happens every summer near the Mundenhof Zoo. The festival tents offer classical, jazz, rock, and pop music, as well as vaudeville and activities for children. Along with the ZMF, a jazz festival, an international film festival in the Kommunales Kino, a renowned dance festival, a variety of activities around the cathedral in the summer, and much more make for an extremely full cultural calendar along the Dreisam.

Rauminstallationen im Museum für Neue Kunst
Installations in the Museum of New Art

Robert Schad, Gerüst, 1985

Chiharu Shiota, Waiting, 2002

Für eine Stadt von der Größe Freiburgs ist ein Dreispartenhaus mit Schauspiel, Oper und Tanz durchaus ungewöhnlich. Erst recht, wenn es sich regelmäßig an so ambitionierte Projekte wagt wie das Theater Freiburg. In jüngster Zeit etwa hat die Inszenierung von Richard Wagners „Ring der Nibelungen" weit über die Region hinaus für Aufsehen gesorgt. Die Bilder zeigen Szenen aus der „Walküre".

Few cities of Freiburg's size can boast of a theater performing the three classic arts of drama, opera, and dance, especially one that regularly dares to take on as ambitious projects as the Theater Freiburg does. Most recently, the production of Richard Wagner's *The Ring of the Nibelung* caused a sensation far outside of the region. The photographs show scenes from *The Valkyrie*.

Das 1996 eröffnete Konzerthaus ist ein wichtiges Zentrum im kulturellen Leben der Stadt. Viele Ensembles aus Freiburg und der Region wie zum Beispiel das SWR-Sinfonieorchester Baden-Baden und Freiburg treten hier regelmäßig auf, daneben gastieren berühmte Musiker aus aller Welt im Konzerthaus. Genutzt wird das architektonisch interessante Gebäude unweit des Hauptbahnhofs auch für Kongresse, Bälle und andere Großveranstaltungen.

Since it opened in 1996, the Konzerthaus has become an important center of the city's cultural life. Many ensembles from Freiburg and the wider region, such as the Southwest German Radio Symphony Orchestra Baden-Baden and Freiburg, perform here regularly, and famous musicians from around the world give guest performances in the Konzerthaus. This architecturally interesting building near the central train station is also used for conventions, balls, and other large events.

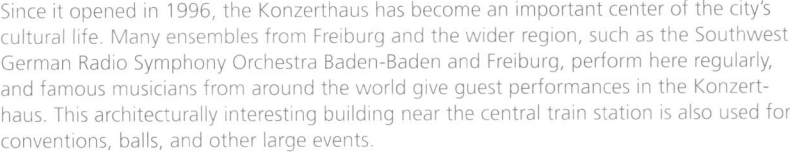

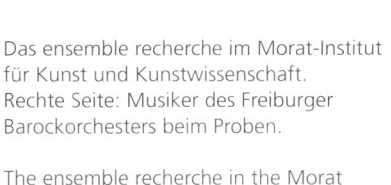

Das ensemble recherche im Morat-Institut
für Kunst und Kunstwissenschaft.
Rechte Seite: Musiker des Freiburger
Barockorchesters beim Proben.

The ensemble recherche in the Morat
Institute of Art and Aesthetics.
Right page: rehearsal of the Freiburg
Baroque Orchestra.

Obwohl das ensemble recherche sich schwerpunktmäßig mit Neuer Musik beschäftigt, das Freiburger Barockorchester dagegen eher mit deutlich älteren Klängen, haben die beiden Orchester viel gemeinsam: Sie sind kreativ, dynamisch, experimentierfreudig, enorm produktiv – und beide gehören national wie international zur Spitzenklasse in der Klassischen Musik. Die zwei Ensembles arbeiten auch gerne zusammen: Zum Beispiel bei der Freiburger Ensemble-Akademie, die sich in den vergangenen Jahren zu einer höchst geschätzten Fortbildungsveranstaltung für Berufsmusiker entwickelt hat.

Although the ensemble recherche focuses especially on 20th century classical music, and the Freiburg Baroque Orchestra on much older sounds, they have much in common: they're creative, dynamic, open to experiments, very productive – and both belong, nationally and internationally, to the top ranks of classical music. The two ensembles enjoy working together, for example at the Freiburg Ensemble Academy, which in the last few years has become a treasured source of continuing education for career musicians.

Sommer in Freiburg – das bedeutet auch Festivalzeit. Das Zelt-Musik-Festival (ZMF) gehört sicher zu den reizvollsten kulturellen Events im Südwesten von Deutschland. Dafür sorgt eine gute Mischung aus Musik verschiedenster Stilrichtungen, großen Namen, Nachwuchskünstlern und Geheimtipps sowie Kleinkunst und Kinderprogramme. Und vor allem eine einzigartige Atmosphäre in der Zeltstadt am Mundenhof-Gelände.

Summer in Freiburg is festival season. The Zelt-Musik-Festival (ZMF or Tent Music Festival) is certainly one of the most delightful cultural events in southwestern Germany. This is thanks to a good mix of various styles of music, big names, young artists, well-kept secrets, cabaret, children's programming, and especially the unique atmosphere in this tent city on the grounds of the Mundenhof.

Museen und Galerien

Fünf Museen betreibt die Stadt Freiburg in eigener Regie. Dabei liegt – abgesehen vom Museum für Neue Kunst – das Hauptaugenmerk auf historischen und völkerkundlichen Themen. Einblicke in die Kunst- und Kulturgeschichte der Region am Oberrhein erlaubt das Augustinermuseum, das im ehemaligen Kloster der Augustiner- eremiten untergebracht ist. Unter den vielen wertvollen Exponaten befinden sich Werke von Cranach und Grünewald, beeindruckende Goldschmiedekunst aus dem Mittelalter und etliche Plastiken aus dem Freiburger Münster.

Eine Abteilung des Augustinermuseums bildet das Museum für Stadtgeschichte im Wentzingerhaus, das sich ganz der Vergangen- heit Freiburgs widmet. Besonders anschaulich dokumentieren Modelle der Stadt und des Münsters die Stadtentwicklung. Einen Blick in die große weite Welt wagt das Adelhauser Museum mit seiner natur- und völkerkundlichen Sammlung. Weit zurück in die Vergangenheit geht es im Archäologischen Museum im Colombi- schlössle. Hier steht die Ur- und Frühgeschichte der Region im Mittelpunkt: Steinzeitmenschen, Kelten, Römer und Alemannen. Einen deutlich regionalen Bezug hat auch das Museum für Neue Kunst. Vom Expressionismus bis zur Gegenwart verfolgt das Haus das künstlerische Schaffen im Dreiländereck.

Um zeitgenössische Künstler aktiv unterstützen zu können, hat die Stadt 2004 das „Kunsthaus L6" eröffnet. Vielfältige Aktivitäten bei der Förderung und Vermittlung von Kunst entfaltet auch der Kunst- verein in der Dreisamstraße. Zahlreiche private Galerien in der Stadt laden zu vielfältigen Entdeckungen ein. Einen guten Überblick über die Galerie-Szene in Freiburg bekommt, wer zur „Nocturne" in die Stadt kommt. Jedes Jahr Mitte September wird mit dem „langen Abend für die Kunst" in zahlreichen Galerien und Kunsträumen die Ausstellungssaison eröffnet.

Museums and galleries

Freiburg operates five municipal museums, which, with the exception of the Museum of New Art, focus on historical and ethnological themes. The Augustiner Museum, located in the former monastery of Augustine hermits, provides views into the artistic and cultural history of the Upper Rhine region. Among the many valuable exhibits are works from Cranach and Grünewald, impressive goldsmith art from the Middle-Ages, and a number of sculptures from the Freiburg cathedral.

One branch of the Augustiner Museum, the Museum of City History in the Wentzinger House, is entirely dedicated to Freiburg's past. Models of the city and the cathedral document the city's develop- ment especially vividly. The Adelhauser Museum, with its collection focusing on natural and ethnological subjects, offers a view into the big wide world. The Archaeological Museum in the Colombi Castle takes visitors far into the past, with the region's Early and Prehistory – Stone Age people, Celts, Romans, and Alemanni – are the center of attention. The Museum of New Art also has a clearly regional focus, displaying works of art – from Expressionism through today – from this area where three countries meet.

In order to actively support contemporary artists, the city opened the "Art House L6" in 2004. The artists' guild on Dreisamstraße also develops manifold activities for the promotion and placement of art. Scores of private galleries in the city invite visitors to make multifaceted discoveries. "Nocturne" offers a good overview of the gallery scene in Freiburg – in mid-September every year, this "late evening of art" opens the exhibition season in a number of galleries and showrooms across the city.

Rauminstallation von Pia Stadtbäumer, „engel" (Katrin, St. Brouwn),
2001 im Museum für Neue Kunst.

Installation by Pia Stadtbäumer, "engel (angel)" (Katrin, St. Brouwn),
2001 in the Museum of New Art.

Modern, umweltfreundlich und zukunftsweisend – der Stadtteil Rieselfeld
Modern, environmentally friendly, and forward looking – the district of Rieselfeld

Die Stadtteile

Für viele Fremde ist Freiburg gleichbedeutend mit der Innenstadt, einem relativ kleinen Gebiet zwischen Bahnhof und Schlossberg. Tatsächlich vermittelt dieser zugegeben sehr attraktive Ausschnitt aus der insgesamt 15.300 Hektar großen Freiburger Gemarkung aber nur ein sehr unvollständiges Bild. Wer die Breisgaumetropole besser kennenlernen will, sollte unbedingt den einen oder anderen Blick in die 27 Stadtteile werfen. Zu entdecken gibt es viel: Von den Ortsteilen am Tuniberg – Opfingen, Tiengen, Munzingen und Waltershofen – die sich den Charakter eigenständiger Weindörfer bewahrt haben oder Kappel am Fuße des Schauinsland, das schon die Atmosphäre eines Schwarzwaldtales vermittelt, bis zu modernen Städtebauprojekten wie Landwasser, Vauban oder Rieselfeld. Das vielfältige Leben in den Stadtteilen spiegelt sich auch in den zahlreichen Bürgervereinen wider. Eine für Freiburg typische Institution, in der die Interessen der Quartiere vertreten werden und viel soziales und kulturelles Engagement zu finden ist.

Als Beispiel für ein ehemals selbstständiges Dorf, das inzwischen vollkommen mit der Stadt verschmolzen ist, mag Herdern gelten. 2008 feierte der Stadtteil sein 1000-jähriges Bestehen – übrigens zusammen mit der Wiehre und Zähringen – ist also, zumindest was die urkundliche Erwähnung angeht, älter als Freiburg selbst. 1457, im Jahr der Universitätsgründung, kaufte die Stadt Freiburg das Dorf von den Deutschordensherren. Gemeinsam mit der Wiehre ist Herdern damit der älteste Vorort Freiburgs. Wobei der Begriff Vorort heute nicht mehr so recht passt. Fremde werden den Übergang von der Innenstadt nach Herdern allenfalls bemerken, weil sie eine viel befahrene Verkehrsachse überqueren müssen. Allerdings: Wer sich von der Habsburgerstraße in Richtung Eichhalde bewegt, wird sehr wohl noch alte dörfliche Strukturen entdecken und an der einen oder anderen Ecke fast vergessen, in einer Großstadt zu sein. Herdern ist heute eine der schönsten Wohnlagen Freiburgs, mit einer gut ausgebauten Infrastruktur, viel Grün und attraktiv gelegenen Grundstücken, vor allem in der Hanglage. Von Osten her durch einen Bergrücken geschützt, erfreuen sich die „Herdemer" eines besonders milden Klimas, da ist dann auch schon mal vom Freiburger „Klein-Nizza" die Rede.

Schon von der Lage her deutlich eigenständiger ist der im Süden gelegene Stadtteil St. Georgen. Erst 1938 wurde der Ort, der aus den drei Dörfern Uffhausen, Wendlingen und Sankt Georgen besteht, eingemeindet. Damals wurde das von vielen Bewohnern als Zwangsmaßnahme empfunden, heute sieht man das Verhältnis zu Freiburg lockerer, doch ein ausgeprägtes Selbstbewusstsein ist den „St. Jergemern" immer noch eigen. Immerhin ist ihr Ort gut 300 Jahre älter als die Stadt Freiburg. Die Eigenständigkeit zeigt sich vor allem in einem regen Kultur- und Vereinsleben. Viele der rund 14.500 Einwohner sind Mitglied im Bürgerverein, der mit dem St. Georgener Boten ein eigenes „Nachrichten- und Anzeigenblatt" für den Stadtteil

The neighborhoods

For many newcomers, Freiburg is synonymous with its city center, a relatively small area between the train station and the Schlossberg mountain. Actually, this – admittedly quite attractive – section conveys only a very incomplete picture of Freiburg, which covers a total of 15,300 hectares. Those who want to get to know the biggest city in the Breisgau region better should definitely take a look at the 27 city districts. There's a lot to discover, from the neighborhoods by the Tuniberg – Opfingen, Tiengen, Munzingen, and Waltershofen – that have preserved the ambience of independent wine villages to Kappel, which gives a first taste of a Black Forest valley from its location at the foot of the Schauinsland Mountain, and modern urban development projects like Landwasser, Vauban, and Rieselfeld. The multifaceted life in the districts is reflected in the numerous citizens' organizations, typical Freiburg institutions that represent the interests of the neighborhoods and encourage much social and cultural engagement.

One example of a formerly independent village that has since completely merged with the city is Herdern. In 2008, the district – along with Wiehre and Zähringen – celebrated 1,000 years of existence and is therefore, at least according to historical records, older than Freiburg itself. In 1457, the year in which the university was founded, the City of Freiburg bought the village from the Teutonic Knights, making Herdern, together with Wiehre, the oldest suburb of Freiburg – although the term "suburb" doesn't really fit anymore. Newcomers may only notice the transition from the city center to Herdern because they have to cross an intersection with heavy traffic. Nevertheless, those who leave Habsburgerstrasse, the main street in the district, to head in the direction of Eichhalde, an area of Herdern, will most likely discover rural structures from its days as a village, causing them to occasionally forget that they're in a big city at all. Today Herdern is one of the most beautiful residential areas in Freiburg, with a well developed infrastructure, many green areas, and attractively situated properties, especially on the hillside. Protected by a ridge to the east, the "Herdemers" enjoy an especially mild climate, leading even Freiburgers to refer to it as "Little Nice." The southern district of St. Georgen is much more self-contained, in part because of its location. The district, made up of the three villages Uffhausen, Wendlingen, and Sankt Georgen, wasn't incorporated until 1938. At that time the incorporation was seen by many residents as an action forced onto them by the city authorities; today relations with Freiburg are a little more relaxed, but the "St. Jergemers" still possess a pronounced individual identity. After all, their district is a good 300 years older than the City of Freiburg. This feeling of independence is especially evident in the active cultural and club life. Many of the approximately 14,500 residents are members of the citizens' organization, which publishes the St. Georgener Bote, its own news- and advertising

herausgibt. Weithin bekannt sind die Weintage, die seit 1977 immer im Mai stattfinden. Mit Schulen, Kindergärten, kirchlichen und sozialen Einrichtungen ist St. Georgen gut versorgt, die enge Anbindung an die Innenstadt hat aber dazu geführt, dass das Geschäftsleben vor Ort zurückgegangen ist, zumal sich im angrenzenden Gewerbegebiet Haid zahlreiche Märkte niedergelassen haben.

Östlich von St. Georgen liegt das Vauban-Viertel, das eine sehr viel kürzere, aber höchst interessante Geschichte aufweist. 1938 wurde auf dem Gelände des heutigen Stadtteils eine Kaserne gegründet, die nach dem Zweiten Weltkrieg von den Franzosen übernommen und nach dem berühmten Festungsbaumeister Sébastien le Prestre de Vauban benannt wurde. Als 1992 die französischen Streitkräfte Freiburg verließen, stand die Stadt vor der Herausforderung, das 34 Hektar große, militärisch genutzte Areal in ein Stadtviertel umzuwandeln. In der Folge entwickelte sich ein überaus kreativer Prozess mit vielen Beteiligten, dessen Ergebnis jeder, der sich für moderne Stadtentwicklung interessiert, ansehen sollte. Experimentiert wurde mit verschiedenen architektonischen Formen; die Planer wollten sparsam mit der Fläche umgehen und dennoch einen grünen Stadtteil schaffen, vor allem aber sollten fortschrittliche Konzepte bei der Energieversorgung und eine intensive Verkehrsberuhigung zum Einsatz kommen. All das ist in weiten Teilen geglückt. Obwohl erst Mitte der 1990er-Jahre mit den eigentlichen Bauarbeiten begonnen wurde, präsentiert sich das Vauban-Viertel mit seinen rund 4.800 Einwohnern bereits als Stadtteil zum Wohlfühlen – innovativ, ruhig und sehr bunt.

Während es im Vauban-Quartier um die Umwandlung bestehender Strukturen ging, konnte man beim jüngsten Freiburger Städtebau-Projekt von Grund auf neu planen. Seit Mitte der 1990er-Jahre wächst auf einer Fläche von knapp 80 Hektar im Südwesten der Stadtteil Rieselfeld. Grund für den Neubau eines gesamten Stadtteils – eines der größten Stadtentwicklungs-Projekte in Baden-Württemberg – war die in Freiburg hohe Nachfrage nach vor allem preiswertem Wohnraum. Das Rieselfeld zeigt gewisse Parallelen zum Vauban, wie etwa die Vielfalt der Bauformen, der Einsatz moderner Energiekonzepte und der ausgeprägte Wunsch, möglichst wenig Autoverkehr im Stadtteil zu haben. Sehr früh wurde deshalb das Rieselfeld auch an das Stadtbahnnetz angeschlossen. Im Unterschied zum Vauban-Quartier konnte aber sehr viel großzügiger geplant werden. Letztendlich geht es hier auch um deutlich größere Dimensionen: Bis zu 12.000 Einwohner sollen einmal im Rieselfeld wohnen, derzeit sind es knapp 8.500. Vermutlich 2010 ist das Stadtbauprojekt abgeschlossen, das Bild des neuen Viertels ist aber heute schon klar erkennbar. Dazu gehört eine sorgsam geplante soziale Infrastruktur, deren sichtbarsten Zeichen der Stadtteiltreff „Glashaus" im Zentrum des Quartiers ist. Wichtiger Motor des kulturellen und sozialen Lebens ist der Verein K.I.O.S.K, der auch eine eigene

paper. The well-known Wine Days have taken place every May since 1977. St. Georgen is well taken care of in terms of schools, kindergartens, and religious and social services; however, because the district is so closely linked to the city center and so many large retailers have opened in the neighboring commercial area Haid, the number of businesses in the neighborhood has declined.

East of St. Georgen is the Vauban district, which has a much shorter but still highly interesting history. In 1938, barracks were built on the land on which the district now stands. After World War II, the French took over the barracks and named them after the famous master fortification builder Sébastien le Prestre de Vauban. When the French forces left Freiburg in 1992, the city was confronted with the challenge of turning this 34-hectare military area into a neighborhood. An extremely creative process was developed involving many parties, with a result that anyone interested in modern urban development should see. The planners experimented with various architectural forms; they wanted to use the land economically while still creating a green neighborhood. They were especially interested in utilizing forward-looking concepts to supply energy and calming traffic as much as possible. All of this was largely successful: although construction did not actually begin until the mid-1990s, Vauban already presents itself as a pleasant neighborhood – innovative, tranquil, and very colorful.

While the construction in Vauban consisted mostly of converting already existing structures, officials were able to plan the most recent urban development project from scratch. The district of Rieselfeld has been growing on an 80-hectare plot in the southwest since the mid-1990s. The reason for developing an entirely new district – one of the biggest urban development projects in Baden-Württemberg – was the great demand for affordable housing in Freiburg. Rieselfeld is similar to Vauban in many ways, for example the variety of building designs, the application of modern energy concepts, and the pronounced desire to have as little automobile traffic as possible. In light of this last point, Rieselfeld was connected to the public transportation system very early on. Unlike Vauban, however, the plans could be much more extensive, since the dimensions are so much bigger: up to 12,000 residents will eventually live in Rieselfeld; at the moment there are just under 8,500. Although the construction project will most likely be completed in 2010, the overall vision of the district is already recognizable. A carefully planned social infrastructure is integral to this vision, the most visible symbol of which being the meeting place "Glashaus" in the middle of the neighborhood. The organization K.I.O.S.K. is an important instrument for cultural and social life and also publishes its own neighborhood newspaper. However, we should not forget that the Rieselfeld project was controversial from the outset – after all, it required occupying ecologically valuable land, which is a more sensitive subject in Freiburg

Stadtteil-Zeitung herausgibt. Verschwiegen werden sollte aber auch nicht, dass das Rieselfeld-Projekt anfangs von heftigen Diskussionen begleitet war, schließlich mussten dafür ökologisch wertvolle Flächen in Anspruch genommen werden, was in Freiburg noch sensibler registriert wird als andernorts. Stadtverwaltung und Bürgerschaft haben sich denn auch nach diesem letzten großen Projekt darauf verständigt, zukünftig keine neuen Flächen mehr für Wohnbebauung in Anspruch nehmen zu wollen und eventuell weiteren Bedarf über eine Nachverdichtung bereits bestehender Strukturen zu decken.

than in most other cities. The city council and the citizens therefore agreed that after this major project, no more residential areas would be built on undeveloped land; if necessary, already existing structures could take care of the need for more housing.

Innovativ und alternativ – das Quartier Vauban
Innovative and alternative – the neighborhood of Vauban

Eine Oase der Stille und der Einkehr: Seit 1927 gibt es in Günterstal das Kloster St. Lioba, in dem sich Frauen in einer Glaubens- und Lebensgemeinschaft zusammengefunden haben. Zum liebevoll angelegten und gepflegten Klosterareal gehört auch ein Gästebereich für Einkehrtage, religiöse Seminare und Tagungen.

An oasis of silence and contemplation: since 1927, Günterstal has been home to the St. Lioba Cloister, providing women with a religious and living community. One part of the lovingly cared-for cloister grounds is a guest area for retreats, religious seminars, and conferences.

Herdern ist einer der ältesten Stadtteile Freiburgs.

Herdern is one of Freiburg's oldest districts.

St. Georgen hat sich seinen liebenswerten dörflichen Charakter an vielen Stellen bewahrt.

St. Georgen has in many places preserved the atmosphere of a lovely and lively village.

Repräsentative Bürgerhäuser prägen das Bild des Stadtteils Wiehre.

Impressive houses dominate the Wiehre neighborhood.

Um 1885 wurde der Stadtteil Stühlinger westlich der Bahnlinie gegründet.
Die Herz Jesu Kirche ist sein prägnantes Wahrzeichen.

The Stühlinger district was founded west of the train tracks around 1885.
The district's impressive landmark is the Heart of Jesus Church.

Links: Seepark am Flückigersee   Impressionen aus Landwasser
Left: the Seepark on the Flückiger Lake   Impressions of Landwasser

Im Frühling und im Herbst verwandelt sich das Gelände der Neuen Messe neben dem Flugplatz zu einem großen Vergnügungspark. Jeweils 10 Tage ist die „Freiburger Mess´" Anziehungspunkt für Jung und Alt.

In the spring and fall, the grounds of the convention center by the airfield become a big amusement park. For ten days each season, the "Freiburger Mess'" draws young and old.

Standort mit Ideen

Ein klassischer Industriestandort ist Freiburg nicht, rauchende Fabrikschlote wird man an der Dreisam kaum finden. Immerhin drei Viertel aller Arbeitsplätze werden hier dem Dienstleistungssektor zugerechnet. Hinzu kommt eine eher kleinteilige Struktur-Unternehmen mit mehreren Tausend Angestellten gibt es nur wenige. Klein- und mittelständische Betriebe prägen das Freiburger Wirtschaftsleben. Das Fehlen einer ausgeprägten Industrielandschaft mag in früheren Zeiten das Wachstum Freiburgs gebremst haben, den heutigen Entwicklungen kommt die Wirtschaftsstruktur der Stadt aber durchaus entgegen. Zumal sich Freiburg in Bereichen positioniert hat, die als zukunftsträchtig gelten: Regenerative Energien, vor allem im Bereich Solarenergie, Bio- sowie zunehmend auch Informations- und Kommunikationstechnologie spielen eine große Rolle und gewinnen weiter an Bedeutung. Einen herausragenden Einfluss auf Freiburgs Wirtschaft hat die Universität. Sie ist selbst Arbeitgeber für viele Tausend Beschäftigte, vor allem aber ein stetig laufender Innovationsmotor, der für Fachkräfte und neue Ideen gleichermaßen sorgt. Ein weiteres großes Plus für Freiburg ist die günstige Lage im Dreiländereck, die immer mehr zu einem echten Standortvorteil wird – in Zeiten, da die Nordwestschweiz, das Elsass und Südbaden mehr und mehr zu einer grenzüberschreitenden Region am Oberrhein verschmelzen. Schwyzerdütsch und vor allem Französisch sind in der Stadt oft zu hören. Einzelhandel und Gastronomie profitieren von den Nachbarn, ebenso wie von den Touristen, die von weiter her kommen. Die Zahlen der vergangenen Jahre haben gezeigt, dass Freiburg als Reiseziel an Attraktivität gewinnt: 2007 wurde nach mehreren Jahren mit einem beeindruckenden Wachstum erstmals die Grenze von einer Million Übernachtungen überschritten.

Wichtiges Instrument für die Freiburger Wirtschaftsentwicklung ist die „Freiburg Wirtschaft Touristik und Messe", kurz FWTM. Die stadteigene Wirtschaftsförderungs-Gesellschaft berät und unterstützt Unternehmen, die sich in Freiburg ansiedeln wollen, bietet Existenzgründerhilfe und engagiert sich bei der Vernetzung von Wissenschaft und Wirtschaft. Die FWTM ist auch verantwortlich für den Betrieb der Freiburger Messe. Rund 400.000 Menschen besuchen hier jährlich nicht nur Messen und Ausstellungen, sondern auch Großereignisse wie TV-Shows und Konzerte.

Häufig unterschätzt wird die Bedeutung der öffentlichen Hand für das hiesige Wirtschaftsleben. Doch gerade die Verwaltungsstadt Freiburg bietet vielen Menschen Arbeit. 2.200 Personen kümmern sich im Regierungspräsidium um Raumordnung, Verkehrsplanung, Umweltschutz, Schulen und weitere Aufgaben für den Regierungsbezirk Freiburg – einen von vier Regierungsbezirken in Baden-Württemberg. Zudem hat das Landratsamt für den Freiburg umgebenden Landkreis Breisgau-Hochschwarzwald seinen Sitz in der Stadt. Und schließlich unterhält allein die Stadt Freiburg neben der eigentlichen Verwaltung noch sieben Unternehmen und Eigenbetriebe.

A prime location for ideas

Freiburg is not a classic industrial center; belching smokestacks can hardly be found along the Dreisam. After all, three-quarters of all jobs here are in the service sector. In addition, small and medium-sized enterprises dominate the business sector; only a few companies have more than a thousand of employees.

The lack of industry may once have slowed Freiburg's growth, but the economic structure absolutely accommodates today's developments, especially since Freiburg has positioned itself in fields with promising futures. Renewable energy sources – especially solar energy – and biotech, information technology, and communication technology already play a big role and will only become more important in the future. The university has a large influence on Freiburg's economy as the employer of thousands of locals and, in particular, as a constant source of innovation providing skilled personnel and innovations in equal measure.

Another big plus for Freiburg is its attractive location at the meeting place of three countries, which is becoming more of an advantage as northwestern Switzerland, the Alsace, and southern Baden merge more and more into a transnational region in the Upper Rhine area. Swiss German and especially French are often heard in the city. The retail and culinary sectors profit from the next-door neighbors as well as the tourists who travel longer distances. Statistics from the past few years demonstrate that Freiburg is becoming more attractive as a travel destination: in 2007, after many years of impressive growth, the city was for the first time host to more than a million overnight stays.

An important instrument for Freiburg's economic development is the Freiburg Wirtschaft Touristik und Messe (FWTM). This city-run organization promotes the local economy by providing consulting services to companies that want to settle in Freiburg, helping those trying to start new businesses, and bridging research and industry. The FWTM is also responsible for operating the Freiburg Messe, where about 400,000 people every year visit not only trade fairs and exhibitions, but also major events like TV shows and concerts.

The importance of the public authorities for the local economy is often underestimated, but in fact, Freiburg is home to multiple administrative offices which employ many people. 2,200 people in the regional administration attend to land use, transportation, environmental protection, schools, agriculture, and other tasks for the administrative area of Freiburg, one of four administrative areas in Baden-Württemberg. In addition, the city is the seat of the surrounding district of Breisgau-Hochschwarzwald. Finally, the City of Freiburg alone runs seven companies of its own alongside actual administration.

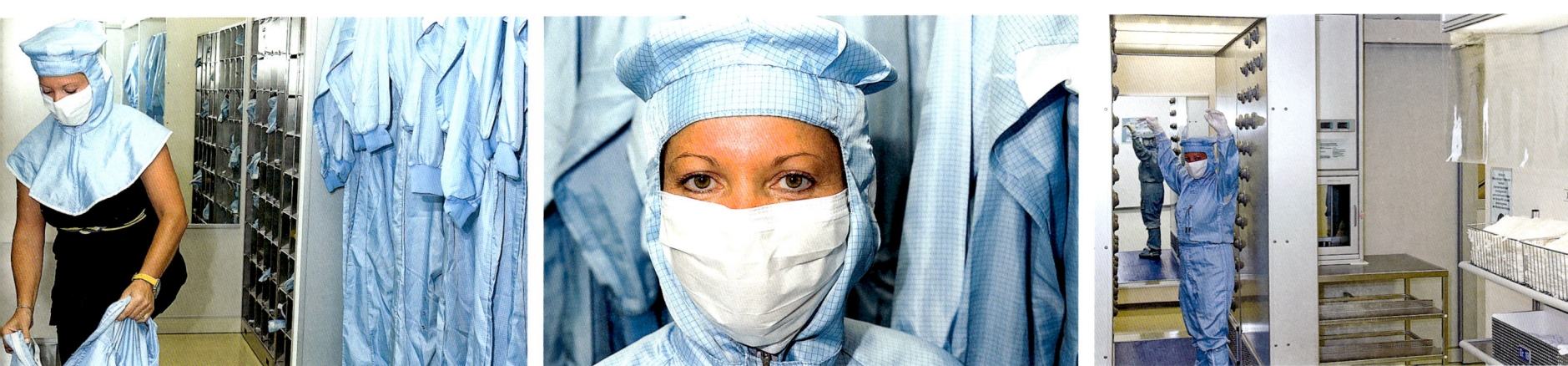

Hightech made in Freiburg – Ohne Microchips wäre unser heutiges Leben kaum mehr vorstellbar – längst stecken sie nicht nur in Computern, sondern in einer Vielzahl technischer Geräte. Micronas produziert Microchip-Lösungen vor allem im Bereich der Unterhaltungs- und Automobilelektronik, aber auch für Industrie- und Haushaltsgeräte. Die etwa 1.300 Micronas-Mitarbeiter in Freiburg – dem operativen Hauptwerk der Schweizer Micronas Gruppe – arbeiten unter anderem an Technologien für hochauflösende Flachbildfernseher mit großen Bilddiagonalen, digitale Audio-Systeme, Motorsteuerung in Kraftfahrzeugen oder Anwendungen im Armaturenbrett eines Pkw.

High-tech made in Freiburg – modern life without microchips is almost unimaginable – for some time now they've been integral parts of not only our computers but also of many other technical devices. Micronas produces microchip solutions especially for entertainment and automobile electronics, but also for industrial and household appliances. The approximately 1,300 Micronas employees in Freiburg – the main functional plant of the Micronas Group of Switzerland – work on technology for, among other things, high-definition flat-screen televisions, digital audio systems, engine control in motor vehicles, and applications in automobile dashboards.

Stadt in Bewegung

Laut Statistik des Rathauses sind fast 76 Prozent der Freiburger Bürger sportlich aktiv. Die Stadt an der Dreisam gilt als eine der bewegungsfreudigsten in ganz Deutschland.

Was im Grunde nicht weiter verwundert, denn sowohl die natürlichen Bedingungen – wie die abwechslungsreiche geografische Lage und das freiluftfreundliche Klima – als auch die von den Freiburgern geschaffene Sport-Infrastruktur bieten beste Voraussetzungen.

Über 200 Sportvereine sind dabei eine gute Basis für Sport nach jedem Geschmack: vom kleinen Club für exotische Nischensportarten bis zu großen Vereinen mit mehreren tausend Mitgliedern und einem vielfältigen Angebot im Wettkampf- und Breitensportbereich. Mit rund 6.500 Mitgliedern ist die Freiburger Turnerschaft von 1844 nicht nur der größte Sportverein in Freiburg, sondern in ganz Baden. Viel Wert wird bei der FT auf sportpädagogische Arbeit gelegt. So betreibt der Verein verschiedene Sportkindergärten und die erste Sportgrundschule Deutschlands.

Überregional am bekanntesten dürfte der Freiburger Sportclub mit seinem Fußball-Bundesligisten sein. Größter Erfolg des SC, dem drei Mal der Aufstieg in die erste Bundesliga gelang, war 2001 das Erreichen der dritten Runde im UEFA-Pokal unter dem langjährigen Trainer Volker Finke, dem 2007 Robin Dutt nachfolgte. Mit vergleichsweise bescheidenen Mitteln gelang es dem SC Freiburg immer wieder attraktiven Fußball zu zeigen und sich mit deutlich größeren Vereinen erfolgreich zu messen, was ihm unter Fußballfreunden Sympathien weit über Südbaden hinaus einbrachte. Freiburger Fußballpionier aber ist der 1897 gegründete FC, der 1907 sogar Deutscher Meister wurde.

Spitzensport bieten in Freiburg freilich nicht nur die Fußballer. Die Basketball-Damen des Universitäts Sportclubs gehören seit Jahren zu einer festen Größe in der 1. Basketball-Liga, die Herren des USC – übrigens größter Basketball-Verein Deutschlands – spielen derzeit in der 2. Liga. Viele engagierte Fans verfolgen gespannt die durchaus wechselvolle Geschichte der Wölfe. Die Eishockey-Profis des EHC Freiburg pendelten in den letzten Jahren zwischen Oberliga und 2. Bundesliga, konnten aber auch schon bis in die DEL, die höchste deutsche Eishockey-Spielklasse, vordringen.

Im Olympiastützpunkt Freiburg-Schwarzwald erfahren talentierte Athleten aus unterschiedlichen Sportarten umfangreiche Förderung und intensive Betreuung. Schwerpunkte sind unter anderem Rad- und nordischer Skisport sowie Ringen, aber auch in Leichtathletik, Triathlon, Fußball und anderen Bereichen werden hier optimale Trainingsmöglichkeiten geboten.

Was die Spitzensportler nach Freiburg zieht, gefällt natürlich auch den Hobby- und Breitensportlern. Allen voran ist es die attraktive Lage, die etwa Mountainbike- und Straßenradfahrer in großer Zahl anlockt. Von eher geruhsamen Runden in der Rheinebene bis hin zu sehr anspruchsvollen Strecken im Schwarzwald ist für jeden

A city in motion

According to official statistics, almost 76% of Freiburg citizens are physically active, making the city one of the most energetic in all of Germany. This is hardly surprising, since the natural conditions – such as the diverse geography and a climate that encourages spending time outdoors – and the fitness infrastructure created by Freiburgers offer excellent opportunities.

More than 200 athletic clubs offer activities for every taste, from small clubs for exotic niche sports to big organizations with thousands of members and a wide variety of competitive and recreational activities. With about 6,500 members, the Freiburger Turnerschaft of 1844 is the biggest athletic club not only in Freiburg but in all of Baden. The FT especially emphasizes physical education, running various sport kindergartens and the first sport-focused elementary school in Germany.

The athletic club that is most well-known outside of the region is the Freiburger Sportclub, because of its soccer team that plays in the German national league, or Bundesliga. SC has risen to the top tier of the Bundesliga three times, and its greatest success was reaching the third round of the UEFA Cup under longtime coach Volker Finke, who was succeeded by Robin Dutt in 2007. With a relatively modest budget, SC Freiburg continually played impressive soccer and competed successfully against significantly larger clubs, helping it win respect from soccer fans far outside southern Baden. However, the pioneer of soccer in Freiburg is the FC, which was founded in 1897 and was even the German champion in 1907.

Soccer is, of course, not the only top-tier sport in Freiburg. The women's basketball team of the University Sport Club has been a constant presence in the top basketball league for years; the men of the USC – which, by the way, is the largest basketball club in Germany – currently play in the second league. Many interested fans also excitedly follow the constantly changing history of the Wölfe (Wolves). These professional ice hockey players from the ECH Freiburg have been swinging between the top league and the second tier in the last few years and have even made it into the DEL, the highest division of German ice hockey.

In the Olympic Training Base Freiburg/Black Forest, talented athletes from various fields receive comprehensive support and intensive supervision. Optimal training is available here especially for cycling, Nordic skiing, and wrestling, but also for track and field, triathlon, soccer, and other areas.

The qualities that bring the top athletes to Freiburg also, of course, attract the hobby and recreational athletes. First and foremost it is the appealing location that draws mountain and road cyclists in droves. There is something for every training level, from relaxing rides around the Rhine Valley to demanding routes in the Black Forest – all within a radius of a few kilometers. It's especially pleasant that it's not necessary to dress as warmly for exercising in this corner of

Trainingszustand etwas geboten. Und das alles im Umkreis weniger Kilometer. Das viele Grün in und um Freiburg bietet auch Joggern, Wanderern, Nordic Walkern und Inline-Skatern ein ideales Revier. Zumal man sich im Dreiländereck bei der sportlichen Betätigung in der Regel nicht ganz so warm anziehen muss, wie andernorts in Deutschland. Wasserratten können unter fünf Hallen- und drei Freibädern wählen. Und wenn mal eher die Entspannung im Vordergrund stehen soll: Mit dem Eugen-Keidel-Bad im Mooswald hat Freiburg sogar eine eigene Mineral-Therme zu bieten.

Germany as in many other areas. "Water rats" have their choice of five indoor and three outdoor swimming pools. And when a little relaxation is called for, Freiburg even has its own hot springs, the Eugen-Keidel-Bad in Mooswald.

Mit attraktivem Fußball hat sich der SC Freiburg in die Herzen von Fußballfans in ganz Deutschland gespielt. Und zudem gezeigt, dass man auch mit bescheidenen Mitteln Erfolg haben kann. Eine gewisse Leidensfähigkeit müssen SC-Fans aber mitbringen, wenn sie die Höhen und Tiefen ihres Vereins tapfer mit durchstehen wollen. Oder wenn ihre Mannschaft trotz leidenschaftlicher Offensive mal wieder Schwierigkeiten hat, das Tor zu treffen.

With attractive soccer, SC Freiburg has played its way into the hearts of soccer fans all over Germany – and also shown that they can be successful even with modest resources. SC fans must, however, be passionate about their club if they want to endure all the highs and lows – when, for example, their team has some difficulty scoring a goal, no matter how passionate the offense.

Einen Stadtrundgang der anderen Art machen die rund 12.000 Läuferinnen und Läufer beim Freiburg-Marathon. Die Strecke wird von begeisterten Zuschauern gesäumt. 42 Bands sorgen für beste Stimmung.

The approximately 12,000 runners in the Freiburg Marathon participate in a city tour that's somewhat out of the ordinary. The course is lined with enthusiastic spectators, and 42 bands provide a lively atmosphere.

Sportliche Dynamik in der Innenstadt   Athletic vitality in the city center

Winterstimmung am Schauinsland und Feldberg
The winter spirit on Schauinsland and Feldberg

Ausflüge in die Umgebung

Aufgrund der günstigen Lage in Deutschlands Südwesten bietet sich Freiburg bestens für unzählige Erkundungstouren an – und das in gleich drei Ländern: Deutschland, Frankreich und der Schweiz. Viele attraktive Ziele, wie zum Beispiel Basel oder Colmar, lassen sich bequem im Rahmen eines Tagesausfluges entdecken.

In Freiburgs näherer Umgebung lohnt sich natürlich ein Abstecher in den Hochschwarzwald, schließlich ist die Breisgaumetropole das Tor zu dieser weltberühmten Kultur- und Urlaubslandschaft. Wer möglichst viele Eindrücke mitnehmen will, kann für Auf- und Abfahrt zu den Höhen des Südschwarzwaldes zwei unterschiedliche Routen wählen. Hinauf durchs Glottertal, hinab durchs Dreisamtal – oder umgekehrt natürlich. Im Glottertal fasziniert der allmähliche Wechsel: von der Landschaft der Rheinebene zum typischen Schwarzwaldidyll. Eben noch säumen Weinberge das Tal, wenig später schon saftig-grüne Wiesen und dunkle Tannen. Für eine erste Rast ist das Glottertal durchaus empfehlenswert, einige gute Gasthöfe mit typisch badischer Küche findet man entlang des Weges. Weiter oben warten die Klosterdörfer St. Peter und St. Märgen mit allerlei kunsthistorischen Leckerbissen. In St. Peter beispielsweise gilt die Rokoko-Bibliothek als besonderes Kleinod. Über Breitnau geht es weiter Richtung Titisee, auf der Strecke eröffnen sich immer wieder grandiose Ausblicke. Titisee ist das touristische Zentrum des Südschwarzwaldes – mit jeder Menge Souvenirläden und Besucherströmen aus aller Welt. Wer es zeitlich einrichten kann, besucht den See am Abend, wenn die Touristengruppen in ihren Bussen weitergezogen sind, und der See seine Schönheit in Stille entfalten kann. Vom Titisee aus ist es auch nicht mehr weit bis hinauf zum Feldberg, dem mit 1.493 Metern höchsten Gipfel des Schwarzwalds. Einen spektakulären Abstieg bietet das enge Höllental mit dem sagenumwobenen Hirschsprung, ehe man über das Dreisamtal zurück nach Freiburg gelangt.

Eindrücke ganz anderer Art vermittelt eine Tour in den Kaiserstuhl, einem aus dem Tertiär stammenden Vulkan, der sich westlich von Freiburg aus der Rheinebene erhebt. Heute zählt der Kaiserstuhl zu den bekanntesten deutschen Weinanbaugebieten. Weintrauben, aber auch anderes Obst gedeihen hier vorzüglich, immerhin werden im Kaiserstuhl regelmäßig die höchsten Temperaturen in ganz Deutschland gemessen. Die eindrucksvolle Landschaft des erloschenen Vulkans lässt sich bestens zu Fuß erkunden. Zahlreiche Wein- und Geologische Lehrpfade machen die Wandertouren zu einem lehrreichen Vergnügen. Wer die Herausforderung sucht, kann den Kaiserstuhl auf schmalen Sträßchen auch mit dem Rad entdecken. Zwar ist dieses „Minigebirge" mit maximal 557 Metern nicht besonders hoch, doch etliche steile Anstiege nötigen selbst sportlichen Radlern Respekt ab. Reizvoll ist es freilich nicht nur, den Kaiserstuhl zu durchqueren, sondern auch, ihn zu umrunden, denn viele sehenswerte Orte schmiegen sich an den Rand des Vulkankegels. Städtchen wie Riegel, Endingen und Burkheim bieten malerische

Excursions in the area

Thanks to its advantageous location in southwestern Germany, Freiburg is able to offer countless exploratory tours – in not one, but in three countries: Germany, France, and Switzerland. Many attractive destinations, such as Basel and Colmar, lie in easy reach for a daytrip.

Closer to Freiburg, a trip to the Black Forest is more than worthwhile; after all, the city is the gateway to this world-famous countryside famed for its culture and unforgettable vacation amenities. Those who want to gather as many impressions as possible can choose from two different routes for navigating the Black Forest: up through the Glottertal valley and back down through the Dreisamtal valley – or, of course, vice versa. What is especially fascinating in the Glottertal is the gradual transition of the scenery, from the placid landscapes of the Rhine Valley to the typical Black Forest idyll; one moment vineyards line the valley, the next lush green fields and finally the characteristic dark fir trees. The Glottertal is an excellent first port of call for the leisurely tourist, where you can find quaint inns with typical regional food along the way. Farther up, the monastery villages of St. Peter and St. Märgen await visitors with many treasures for those interested in art history – in St. Peter, for example, the Rococo library is considered by many to be particularly breathtaking. Ever more breathtaking views open up around every corner on the road to Titisee via Breitnau. Titisee is the tourist center of the southern Black Forest, with dozens of souvenir shops and streams of visitors from all around the world. If time allows, it's best to visit the lake in the evening when the larger tourist groups have boarded their buses and the beauty of the lake can be experienced in tranquility. From Titisee it's not much farther to the Feldberg Mountain, which at 1,493 meters is the highest peak in the Black Forest. The narrow Höllental valley offers a spectacular descent via the legendary Hirschsprung cliffs – named after a stag said to have jumped across the steep ravines – before continuing through the Dreisamtal to return "home" to Freiburg.

A daytrip to the Kaiserstuhl, an extinct volcano from the Tertiary period that rises up from the Rhine Valley to the west of Freiburg, ensures unforgettable memories for many other reasons. Today the Kaiserstuhl is one of the most well-known German winegrowing areas. Grapes as well as other fruits thrive here, where the highest temperatures in all of Germany are measured regularly. The impressive scenery on this extinct volcano is best experienced on foot. Numerous nature paths focusing on wine and geology make hikes educational and pleasant. Those who want a challenge can explore the Kaiserstuhl's narrow paths and roads by bicycle. This "mini mountain range," with a maximum height of 557 meters, may not be especially high but its many steep ascents nevertheless command respect from even the most athletic cyclists. Of course, as pleasant as it is to explore the Kaiserstuhl itself, the outskirts hold just as much

Ansichten, und Weindörfer wie Bötzingen, Achkarren und Ihringen sind vielen Genießern ein Begriff. Von Ihringen nur wenige Kilometer entfernt, jenseits des Rheins, eröffnet sich in Neuf-Brisach (Neubreisach) Besuchern dann nochmals eine ganz eigene Welt. Der elsässische Ort, gegenüber seinem deutschen und ebenfalls sehenswerten Pendant Breisach, zählt seit 2008 zum UNESCO-Weltkulturerbe. Die ungewöhnliche Stadt ist eine auf dem Reißbrett entworfene Festungsanlage, gebaut im 18. Jahrhundert vom berühmten französischen Militärarchitekten Vauban. Die völlig symmetrische Anlage in Form eines Achtecks und mit einem schachbrettartigen Straßensystem blieb bis heute erhalten.

Wer historische Altstadtidylle ein paar Nummern kleiner und geruhsamer als in Freiburg sucht, dem sei ein Ausflug nach Staufen empfohlen. Der malerische Ort liegt 20 Kilometer südwestlich von Freiburg am Fuße des beeindruckenden Burgbergs. Berühmtester Bürger der Stadt war im 16. Jahrhundert ein gewisser Johann Georg Faust, ein wunderlicher Alchemist und Magier, der vermutlich 1536 in seinem Zimmer im Staufener Gasthaus „Löwen" bei einer Explosion starb. Über das Leben des Magister Faust weiß man nur wenig, doch er schrieb Weltgeschichte als historische Vorlage für Goethes „Faust". In den pittoresken Gassen der Staufener Altstadt lässt sich vortrefflich bummeln. Tee, Kaffee, Schokolade, Käse, französische Spezialitäten, Künstlerbedarf, Haushaltswaren, Mode und mancherlei mehr – in der Fauststadt gibt es noch viele kleine Läden, deren Inhaber mit viel Liebe für ein Angebot sorgen, das sich von den sonst üblichen Massenwaren abhebt. Nach der Einkaufsrunde empfiehlt sich eine Tasse Kaffee und ein schönes Stück Torte, zum Beispiel im Café Decker, weithin bekannt für sein edles und verführerisches Naschwerk. Staufen ist ein guter Ausgangspunkt für eine Tour durch das Markgräfler Weinland. Die kann man durchaus auch mit dem Rad unternehmen. Zwar geht es ordentlich rauf und runter zwischen den Weinbergen, dafür gibt es selbst entlang wenig befahrener Straßen über weite Strecken einen Radweg. Der Lohn für ein paar Schweißtropfen ist die herrliche Markgräfler Landschaft, auch als „deutsche Toskana" bezeichnet, und wundervolle Ausblicke über die Rheinebene auf die Vogesen. Ballrechten-Dottingen, Laufen, Britzingen, Zunzingen: Eigentlich in jedem Ort lohnt eine Rast. Sei es, um in einem der Markgräfler Gasthöfe einzukehren, bei Winzern oder in Winzergenossenschaften einen Tropfen zu kosten oder einfach nur in den beschaulichen Dörfern ein wenig vor sich hinzuträumen. Von Müllheim, dem ebenfalls sehenswerten Zentrum des Markgräflerlandes, kommt man bequem per Auto – über Bundesstraße oder Autobahn – oder mit dem Zug zurück nach Freiburg.

charm, since many sites worth seeing are nestled along the edge of the volcano's outer slopes. Small towns such as Riegel, Endingen, and Burkheim offer picturesque views, and wine villages like Bötzingen, Achkarren, and Ihringen are well known to many connoisseurs. A whole other world opens up on the other side of the Rhine, just a few kilometers away from Ihringen, in Neuf-Brisach (New Breisach). The Alsatian town just across the border from its equally lovely German counterpart Breisach became a UNESCO World Heritage Site in 2008. The unusual town is a fortress complex designed from scratch and built in the 18th century by the famous French military architect Vauban. The completely symmetrical octagonal complex with its chessboard-style street system has been preserved to this day.

Those who want to experience an idyllic old town on a smaller and more leisurely scale than in Freiburg should consider a daytrip to Staufen. This quaint town lies 20 kilometers to the southwest of Freiburg, at the foot of the impressive Burgberg hill. The town's most famous citizen was a certain Johann Georg Faust, an eccentric alchemist and magician in the 16th century who supposedly died in 1536 from an explosion in his room in the Staufen inn "Zum Löwen." Little is known of Faust's life, but he is immortalized in world history as the historical inspiration for Goethe's play "Faust." The picturesque alleys of Staufen's old town are great for strolling through. Tea, coffee, chocolate, cheese, French specialties, art supplies, household goods, fashion, and more – in Faust's hometown, one can find many small shops where the owners lovingly offer goods that stand out against the usual mass-produced items. After some shopping, a cup of coffee and a delicious slice of cake may be called for, for example from Café Decker, widely known for its premium, enticing desserts. Staufen is a good starting point for a tour through the Markgräfler wine country, which can also be explored by bicycle. Admittedly, there are quite a few ascents and descents among the vineyards, but bicycle paths can be found even along long stretches of less well-traveled roads. The reward for a few drops of sweat is the magnificent Markgräfler landscape, also known as "German Tuscany" with its fantastic vistas over the Rhine Valley to the Vosges Mountains in Alsace, France. Ballrechten-Dottingen, Laufen, Britzingen, Zunzingen: every town is worth a visit, whether to stop for a bite to eat in one of the traditional inns, sample a few drops at a vineyard or one of the many winegrowers' cooperatives, or just to daydream a little in the sleepy villages. From Müllheim, the center of the Markgräfler region, it's easy to return to Freiburg by car – on the highway or the Autobahn – or by train.

Blick zum Schauinslandgipfel
Stube im Bauernhausmuseum Schniederlihof in Hofsgrund

View of the peak of Schauinsland
The living room in the Schniederlihof Farm Museum in Hofsgrund

Abseits der Touristenströme: Stille Momente am Titisee

Avoiding the tourist throngs: quiet moments on the Titisee

Kulturhistorische Schätze finden sich in großer Fülle in Freiburgs Umgebung. Und die meisten sind eingebettet in eine wunderschöne Landschaft. Ein Kleinod mit ganz besonderer Atmosphäre ist die Rokoko-Bibliothek in St. Peter (linke Seite).
In Staufens romantischer Altstadt lässt sich auf den Spuren des historischen Dr. Faust wandeln, der Goethe zu seinem weltberühmten Drama inspiriert hat.

Those interested in cultural history can find many treasures in the area around Freiburg, most of which are surrounded by a beautiful landscape. The Rococo library in St. Peter is a particular gem (left page).
In Staufen's romantic old town, it's possible to follow the path of the historical Dr. Faust, who inspired Goethe's world-famous drama.

Der Kaiserstuhl ist ein wunderbares Terrain für Genießer. Weinterrassen, Obstgärten und lichte Wälder laden zu Wander- und Radtouren ein. Die Erzeugnisse dieser üppigen Landschaft lassen sich in malerischen Kaiserstuhlorten wie Burkheim und Endingen genießen.

The Kaiserstuhl is a wonderful area for nature lovers. Wine terraces, orchards, and bright woods encourage hikes and bicycle tours. This lush landscape has left its mark on picturesque Kaiserstuhl towns like Burkheim and Endingen.

Impressum

© edition-kaeflein.de – Freiburg
www.edition-kaeflein.de
info@edition-kaeflein.de

Konzept – Fotografie – Gestaltung
Achim Käflein – Freiburg – www.kaeflein-photodesign.de

Text
Alexander Huber – Schliengen

Satz
Iris Herr

Übersetzung
BethAnne Freund – Petite Planète Translations

Redaktion
Annette Trefzer-Käflein

Bildnachweis
alle Fotos © Achim Käflein
außer Seite 94, Seite 97 links oben u. unten © Fraunhofer IAF

Produktion
edition-kaeflein.de – Freiburg 2008
ISBN 978-3-940788-01-6

Herzlichen Dank an:
Christoph Schwalb
Thomas Laubscher
Barry Murnane
Verena Schneider

Stadt Freiburg – www.freiburg.de
Sparkasse Freiburg-Nördlicher Breisgau – www.sparkasse-freiburg.de
Erzbischöfliches Ordinariat Freiburg – www.ordinariat-freiburg.de
Badischer Weinbauverband e.V. – www.badischer-weinbauverband.de
Fraunhofer IWM – www.iwm.fraunhofer.de
Fraunhofer EMI – www.emi.fraunhofer.de
Fraunhofer IAF – www.iaf.fraunhofer.de
Fraunhofer IPM – www.ipm.fraunhofer.de
Fraunhofer ISE – www.ise.fhg.de
Micronas – www.micronas.com